国家基本职业培训包（指南包 课程包）

供应链管理师

人力资源社会保障部职业能力建设司编制

中国劳动社会保障出版社

图书在版编目（CIP）数据

供应链管理师 / 人力资源社会保障部职业能力建设司编制. -- 北京：中国劳动社会保障出版社，2023

国家基本职业培训包：指南包　课程包

ISBN 978-7-5167-5774-1

Ⅰ.①供… Ⅱ.①人… Ⅲ.①供应链管理 – 职业培训 – 教材 Ⅳ.①F252.1

中国国家版本馆 CIP 数据核字（2023）第 088596 号

中国劳动社会保障出版社出版发行

（北京市惠新东街 1 号　邮政编码：100029）

*

三河市华骏印务包装有限公司印刷装订　新华书店经销

880 毫米 ×1230 毫米　16 开本　6 印张　107 千字
2023 年 7 月第 1 版　2023 年 11 月第 2 次印刷

定价：19.00 元

营销中心电话：400-606-6496

出版社网址：http://www.class.com.cn

版权专有　　侵权必究

如有印装差错，请与本社联系调换：（010）81211666

我社将与版权执法机关配合，大力打击盗印、销售和使用盗版图书活动，敬请广大读者协助举报，经查实将给予举报者奖励。

举报电话：（010）64954652

编 制 说 明

为深入贯彻落实党的二十大关于"健全终身职业技能培训制度"的部署要求，按照《"十四五"职业技能培训规划》有关职业培训包开发应用工作安排，我部将修订完善和组织开发一批培训需求量大的国家基本职业培训包，在全国范围内培育一批职业培训包应用培训机构。

职业培训包开发工作是新时期职业培训领域的一项重要基础性工作，旨在形成以综合职业能力培养为核心、以技能水平评价为导向，实现职业培训全过程管理的职业技能培训体系，这对于进一步提高培训质量，加强职业培训规范化、科学化管理，促进职业培训与就业需求的有效衔接，推行终身职业技能培训制度具有积极的作用。

国家基本职业培训包由指南包、课程包和资源包三个子包构成，是集培养目标、培训要求、培训内容、课程规范、考核大纲、教学资源等为一体的职业培训资源总和，是职业培训机构对劳动者开展政府补贴职业培训服务的工作规范和指南。

国家基本职业培训包遵循《职业培训包开发技术规程（试行）》的要求，依据国家职业技能标准和企业岗位技术规范，结合新经济、新产业、新职业发展编制，力求客观反映现阶段本职业（工种）的技术水平、对从业人员的要求和职业培训教学规律。

《国家基本职业培训包（指南包　课程包）——供应链管理师》是在各有

编制说明

关专家的共同努力下完成的。参加编审的人员主要有郭肇明、张晓梅、黄颖、王晓艳、张静芳、李俊峰、聂华、伊晓浏、何岩松、胡青岭、李忠跃、刘小军、王海军,在编制过程中得到了中国物流与采购联合会等有关单位的大力支持,在此一并致谢。

人力资源社会保障部职业能力建设司

目 录

1 指 南 包

1.1 职业培训包使用指南 ··········002
    1.1.1 职业培训包结构与内容 ··········002
    1.1.2 培训课程体系介绍 ··········003
    1.1.3 培训课程选择指导 ··········009

1.2 职业指南 ··········009
    1.2.1 职业描述 ··········009
    1.2.2 职业培训对象 ··········009
    1.2.3 就业前景 ··········010

1.3 培训机构设置指南 ··········010
    1.3.1 师资配备要求 ··········010
    1.3.2 培训场所设备配置要求 ··········010
    1.3.3 教学资料配备要求 ··········012
    1.3.4 管理人员配备要求 ··········012
    1.3.5 管理制度要求 ··········012

2 课 程 包

2.1 培训要求 ··········014
    2.1.1 职业基本素质培训要求 ··········014
    2.1.2 三级/高级职业技能培训要求 ··········015

目录

　　2.1.3　二级/技师职业技能培训要求 ………………………………………… 018
　　2.1.4　一级/高级技师职业技能培训要求 ……………………………………… 022
2.2　课程规范 …………………………………………………………………………… 026
　　2.2.1　职业基本素质培训课程规范 ……………………………………………… 026
　　2.2.2　三级/高级职业技能培训课程规范 ……………………………………… 030
　　2.2.3　二级/技师职业技能培训课程规范 ……………………………………… 044
　　2.2.4　一级/高级技师职业技能培训课程规范 ………………………………… 063
　　2.2.5　培训建议中培训方法说明 ………………………………………………… 080
2.3　考核规范 …………………………………………………………………………… 081
　　2.3.1　职业基本素质培训考核规范 ……………………………………………… 081
　　2.3.2　三级/高级职业技能培训理论知识考核规范 …………………………… 082
　　2.3.3　三级/高级职业技能培训操作技能考核规范 …………………………… 083
　　2.3.4　二级/技师职业技能培训理论知识考核规范 …………………………… 084
　　2.3.5　二级/技师职业技能培训操作技能考核规范 …………………………… 086
　　2.3.6　一级/高级技师职业技能培训理论知识考核规范 ……………………… 087
　　2.3.7　一级/高级技师职业技能培训操作技能考核规范 ……………………… 089

1
指南包

1.1 职业培训包使用指南

1.1.1 职业培训包结构与内容

供应链管理师职业培训包由指南包、课程包、资源包三个子包构成，结构如图 1 所示。

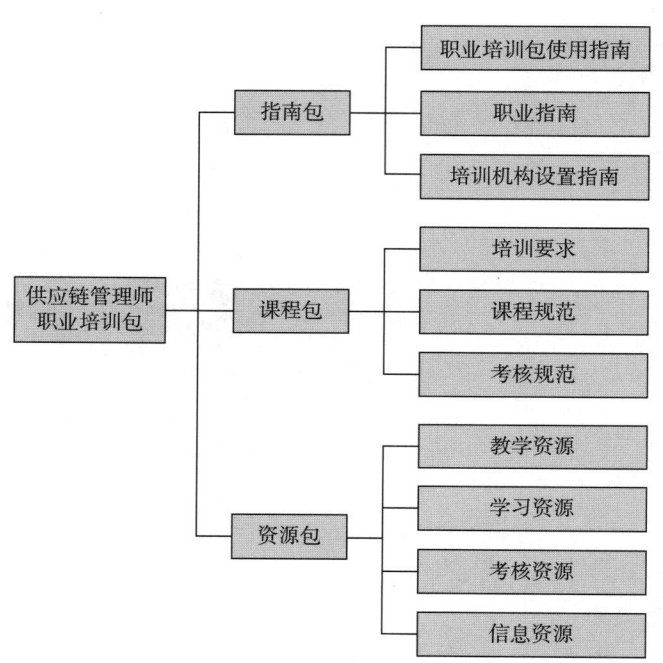

图 1　职业培训包结构图

指南包是指导培训机构、培训教师与学员使用职业培训包进行职业培训的服务性内容总和，包括职业培训包使用指南、职业指南和培训机构设置指南。职业培训包使用指南是培训教师与学员了解职业培训包内容、选择培训课程、使用培训资源的说明性文本；职业指南是对职业信息的概述；培训机构设置指南是对培训机构开展职业培训提出的具体要求。

课程包是培训机构与教师实施职业培训、培训学员接受职业培训必须遵守的规范总和，包括培训要求、课程规范、考核规范。培训要求是参照国家职业标准、结合职业岗位工作实际需求制定的职业培训规范；课程规范是依据培训要求、结合职业培训教学规律，对课程设置、培训学时、课程内容与培训方法等所作的统一规定；考核规范是针对课程规范中所规定的课程内容开发的，能够科学评价培训学员过程性学习效果与终结性培训成果的规则，是客观衡量培训学员职业基本素质与职业技能水平的标准，也是实施职业培训过程性与终结性考核的依据。

资源包是依据课程包要求，基于培训学员特征，遵循职业培训教学规律，应用先进职业培训课程理念，开发的多媒介、多形式的职业培训与考核资源，包括教学资源、学习资源、考核资源和信息资源。教学资源是为培训教师组织实施职业培训教学活动提供的相关资源；学习资源是为培训学员学习职业培训课程提供的相关资源；考核资源是为培训机构和教师实施职业培训考核提供的相关资源；信息资源是为培训教师和学员拓宽视野提供的体现科技进步、职业发展的相关动态资源。

1.1.2 培训课程体系介绍

供应链管理师职业培训课程体系依据职业技能等级分为职业基本素质培训课程、中级职业技能培训课程、高级职业技能培训课程，每一类课程有模块、课程和学习单元三个层级。供应链管理师职业培训课程体系均源自本职业培训包课程包中的课程规范，以学习单元为基础，形成职业层次清晰、内容丰富的"培训课程超市"。

供应链管理师职业培训课程学时分配一览表

职业技能等级	课堂学时		其他学时	培训总学时
	职业基本素质培训课程	职业技能培训课程		
三级/高级	30	66	24	120
二级/技师	25	64	31	120
一级/高级技师	22	44	14	80

注：课堂学时是指培训机构开展的理论课程教学及实操课程教学的建议最低学时数。除课堂学时外，培训总学时还应包括岗位实习、现场观摩、自学自练等学时。

（1）职业基本素质培训课程

模块	课程		学习单元	课堂学时
1．职业道德	1-1	职业概述	职业与职业分类	1
	1-2	职业道德基本知识	职业道德修养的内涵和意义	2
	1-3	职业守则	职业守则	2
2．职业基础知识	2-1	供应链管理基础知识	供应链管理基础知识	2
	2-2	采购管理基础知识	采购管理基础知识	2

续表

模块	课程	学习单元	课堂学时
2．职业基础知识	2-3 物流管理基础知识	物流管理基础知识	2
	2-4 绩效管理与风险管理基础知识	供应链绩效管理与风险管理基础知识	2
	2-5 数据管理基础知识	供应链数据管理基础知识	2
3．安全生产与环境保护基础知识	3-1 职业安全知识	职业安全知识	2
	3-2 职业健康知识	职业健康知识	1
	3-3 环境保护相关知识	环境保护基础知识	1
4．相关法律法规知识	4-1 《中华人民共和国民法典》相关知识	民事权利能力和民事行为能力	1
	4-2 《中华人民共和国劳动法》相关知识	中华人民共和国劳动法	1
	4-3 《中华人民共和国劳动合同法》相关知识	中华人民共和国劳动合同法	1
	4-4 《中华人民共和国招标投标法》相关知识	中华人民共和国招标投标法	1
	4-5 《中华人民共和国环境保护法》相关知识	中华人民共和国环境保护法	1
	4-6 国际贸易法律、法规相关知识	国际贸易法律、法规	2
课堂学时合计			26

注：本表所列为初级职业基本素质培训课程，其他等级职业基本素质培训课程按"供应链管理师职业培训课程学时分配一览表"中相应的课堂学时要求进行必要的调整。

（2）三级／高级职业技能培训课程

模块	课程	学习单元	课堂学时
1．计划管理	1-1 需求预测处理	（1）数据处理与可视化分析报告	4
		（2）编制市场调研报告	2
		（3）使用模型进行需求预测分析	4
	1-2 客户订单分析	（1）编制订单数据分析可视化报表	2
		（2）客户分级	4
	1-3 库存计划处理	（1）采集与处理库存计划数据	4
		（2）编制库存计划可视化报告	4

续表

模块	课程	学习单元	课堂学时
2．采购管理	2-1 采购订单分析	（1）采购订单数据分析	2
		（2）供应商绩效分析	4
	2-2 供应商管理	（1）供应商信息搜集与处理	2
		（2）供应商选择方法	2
3．生产管理	3-1 生产计划执行支持	（1）产能数据采集与处理	4
		（2）生产计划变更与处理	2
	3-2 物料控制	（1）物料库存数据采集与处理	2
		（2）物料库存控制及 KPI	2
4．物流管理	4-1 运输与配送运营	（1）运输管理	4
		（2）配送及网络	2
	4-2 仓储运营	仓储运营	4
	4-3 逆向物流运营	（1）物流成本分析	2
		（2）逆向物流运作	2
		（3）运输、仓储和逆向物流绩效评价	2
	4-4 物流外包监控	（1）物流绩效概述	2
		（2）物流外包管理	2
		（3）外包物流绩效评价	2
课堂学时合计			66

（3）二级/技师职业技能培训课程

模块	课程	学习单元	课堂学时
1．战略管理	1-1 供应链流程管理	（1）供应链战略实施	1
		（2）供应链管理目标	1
		（3）供应链资源配置	1
	1-2 供应链规划与布局	（1）供应链网络设计与布局	1
		（2）生产与服务设施选址	1
	1-3 供应链风险评估	（1）供应链风险事件识别与评估	1
		（2）供应链风险控制	1
	1-4 供应链绩效管理	供应链绩效评估与绩效改进	1

续表

模块	课程	学习单元	课堂学时
2. 计划管理	2-1 销售与运营计划（S&OP）实施	（1）销售与运营计划（S&OP）的组织和实施	2
		（2）销售与运营计划（S&OP）数据采集与处理	2
	2-2 客户需求管理	（1）客户需求预测	1
		（2）客户需求分析报告编写	1
		（3）客户需求计划编制	1
	2-3 库存计划管理	（1）供应链库存管理方法	1
		（2）库存计划制订	2
		（3）库存控制策略	2
3. 采购管理	3-1 供应商评估与选择	（1）供应商评估	2
		（2）供应商选择	1
		（3）供应商合同管理	2
	3-2 供应商开发	（1）供应商开发流程制定	1
		（2）供应商关系管理	2
	3-3 采购合规管理	（1）供应商行为准则制定	1
		（2）供应商合规性评价	1
4. 生产管理	4-1 产能规划与调控	（1）产能计算与规划	2
		（2）产能调控	1
	4-2 产品与服务生产流程管理	（1）产品与服务生产流程设计	2
		（2）产品与服务生产流程优化	2
	4-3 物料管理	（1）物料计划管理	2
		（2）物料库存管理	1
5. 物流管理	5-1 运输与配送管理	（1）运输与配送运营方案	2
		（2）运输与配送业务绩效考核方案	2
	5-2 仓储管理	（1）仓储运营方案	2
		（2）仓储业务绩效考核方案	1
	5-3 逆向物流管理	（1）逆向物流运营方案	1
		（2）逆向物流业务绩效考核方案	1
	5-4 物流业务外包策略实施	（1）物流业务外包服务体系	2
		（2）物流供应商管理	1

续表

模块	课程	学习单元	课堂学时
6. 创新管理	6-1 供应链创新服务	(1) 供应链创新方案制定	2
		(2) 供应链创新服务项目报告撰写	2
	6-2 供应链金融业务管理	(1) 供应链金融业务需求分析	1
		(2) 供应链金融业务优化方案制定	1
	6-3 供应链数字化运营	(1) 供应链数字化运营实施方案	1
		(2) 供应链大数据、区块链等新技术应用方案	1
7. 培训指导	7-1 业务培训	(1) 培训计划内容及制订流程	2
		(2) 培训资源的开发、组织与实施	1
	7-2 业务指导	作业指导书内容及编写方法	1
课堂学时合计			64

(4) 一级/高级技师职业技能培训课程

模块	课程	学习单元	课堂学时
1. 战略管理	1-1 供应链战略制定	(1) 供应链战略制定	2
		(2) 供应链方案设计	1
	1-2 供应链风险管理	(1) 供应链风险评估体系构建	1
		(2) 供应链风险管理策略	1
	1-3 供应链绩效管理体系制定	(1) 供应链绩效指标	1
		(2) 供应链绩效管理制度	1
	1-4 供应链质量管理体系制定	(1) 供应链质量体系构成	1
		(2) 供应链质量评估与管理体系	1
2. 计划管理	2-1 供应链协同计划制订	(1) 制定供应链协同策略	1
		(2) 供应链产销协同方案设计	1
	2-2 销售与运营计划（S&OP）流程管理	(1) S&OP 流程设计	1
		(2) S&OP 实施绩效评估	1
	2-3 战略库存管理	(1) 供应链战略库存策略制定	1
		(2) 供应链战略库存实施方案设计	1

续表

模块	课程	学习单元	课堂学时
3．采购管理	3-1 采购管理体系制定	（1）制定企业采购管理制度	1
		（2）制定企业采购管理流程	1
	3-2 战略寻源策略制定	（1）制定战略寻源的流程	1
		（2）设计战略寻源框架	1
	3-3 采购合规体系制定	（1）制定采购合规管理体系	1
		（2）制定采购合规评价体系	1
4．生产管理	4-1 生产策略制定	（1）制定生产模式策略	1
		（2）设计生产计划优化方案	1
	4-2 物料管理策略制定	（1）制定物料控制模式	1
		（2）制定联合库存管理策略	1
		（3）制定安全库存策略	1
	4-3 产品与服务开发协同	（1）产品与服务开发策略	1
		（2）产品与服务开发优化项目方案设计	1
5．物流管理	5-1 物流运营策略制定	（1）制定物流运营策略	1
		（2）制定物流考核评价体系	1
	5-2 逆向物流体系设计	（1）设计逆向物流网络体系	1
		（2）制定逆向物流管理策略	1
	5-3 物流外包战略制定	（1）选择物流运营模式	1
		（2）制定物流供应商选择策略	1
6．创新管理	6-1 供应链创新服务	（1）供应链创新策略制定	1
		（2）供应链创新项目开发与管理	1
	6-2 供应链金融业务战略制定	（1）供应链金融业务发展策略制定	1
		（2）供应链金融业务规划	1
		（3）供应链金融业务风险控制	1
	6-3 供应链数字化战略制定	（1）供应链数字化战略	1
		（2）供应链大数据战略	1
		（3）区块链技术在供应链上的应用	1
7．培训指导	7-1 业务培训	培训计划内容及制订方法	1
	7-2 业务指导	业务指导书的内容与编写方法	1
		课堂学时合计	44

1.1.3 培训课程选择指导

职业基本素质培训课程为必修课程，相当于本职业的入门课程。各级别职业技能培训课程由培训机构教师根据培训学员实际情况，遵循高级别涵盖低级别的原则进行选择。

原则上，初入职的培训学员应学习职业基本素质培训课程和初级职业技能培训课程的全部内容，有职业技能等级提升需求的培训学员，可按照国家职业技能标准的"职业技能鉴定要求"，对照自身需求选择更高等级的培训课程。

具有一定从业经验、无职业技能等级晋升要求的培训学员，可根据自身实际情况自主选择本职业培训课程体系。具体方法为：（1）选择课程模块；（2）在模块中筛选课程；（3）在课程中筛选学习单元；（4）组合成本次培训的课程内容。

培训教师可以根据以上方法对培训学员进行单独指导。对于订单培训，培训教师可以按照如上方法，对照订单要求进行培训课程的选择。

1.2 职业指南

1.2.1 职业描述

供应链管理师是运用供应链管理的方法、工具和技术，从事产品设计、采购、生产、销售、服务等全过程的协同，以控制整个供应链系统的成本并提高准确性、安全性和客户服务水平的人员。

1.2.2 职业培训对象

供应链管理师主要培训对象包括以下三类人员：（1）高职、技师学院、本科院校具有供应链管理、市场营销、电子商务、工商企业管理、国际贸易、网络营销、连锁经营与管理、财务管理、现代物流、航空物流、经济贸易类、管理科学与工程类、工业工程相关专业的毕业生；（2）互联网/电子商务行业、贸易/批发/零售行业、制造业和信息技术业、交通/运输/物流、建筑业等相关行业企业的在职员工；（3）转岗转业、退役军人等有培训需求的人员。

1.2.3　就业前景

在新一轮科技革命和产业互联网发展大势下，供应链已经成为企业的一项战略性资产、"第四利润源"，企业之间的竞争将围绕数字供应链、区块链应用、5G 等领域展开，供应链管理师必然成为人才争夺焦点。未来三年，我国对供应链管理师的需求总量将达到 430 万人左右。供应链涵盖平台型、生产型、商贸流通型多种类型企业，覆盖供应、采购、计划、生产制造、仓储运输等各个环节，供应链管理师在企业内部扮演计划、管理、协调的重要角色，具有非常广阔的就业前景。

1.3　培训机构设置指南

1.3.1　师资配备要求

（1）培训教师任职基本条件

1）培训三级供应链管理师的培训师需具有二级以上相关职业技能等级证书；副教授以上职称或头部企业总监以上职位；熟悉企业供应链管理岗位工作，原则上应具有两年以上企业从业经验。

2）培训二级供应链管理师的培训师需具有一级相关职业技能等级证书；副教授以上职称或头部企业总监以上岗位；熟悉企业供应链管理岗位工作，原则上应具有三年以上企业从业经验。

3）培训一级供应链管理师的培训师需具有一级相关职业技能等级证书；教授以上职称或头部企业高管职位；熟悉企业供应链管理岗位工作，原则上应具有 5 年以上企业从业经验。

（2）培训教师数量要求（以 30 人培训班为基准）

理论课教师：1 人，培训规模超过 30 人的，按照师生比 1∶18 配备教师。

实践课教师：1 人，培训规模超过 30 人的，按照师生比 1∶18 配备教师。

1.3.2　培训场所设备配置要求

培训场所设备配置要求如下（以 30 人培训班为基准）。

（1）理论知识培训场所设备配置要求：理论知识培训可以在培训教室进行，需要具备包含讲台、可移动桌椅、投影屏幕或不小于 75 英寸（1 英寸 =2.54 厘米）的显示屏幕、扩音设备、监控摄像头、展示台、白板、白板笔、白板纸、白板夹、计算机、电源、插线板等。具备满足培训人数要求的互联网接入条件。场地不小于 60 m^2，光线充足、通风状况良好。符合《建筑设计防火规范》要求，按国家规范规定设置自动报警、自动喷水灭火、室内消火栓系统等消防设施并保持完好有效。

（2）操作技能培训场所设备配置要求：技能实操培训应配备满足学习进行线上实训的计算机、桌椅、宽带网络（接入带宽不低于 100 M）、路由器、交换机、机柜、不间断电源等设备；配备满足教师进行现场教学和学员研讨的讲台桌椅、媒体播放设备等。场地不小于 60 m^2，光线充足、通风状况良好。符合《建筑设计防火规范》要求，按国家规范规定设置自动报警、自动喷水灭火、室内消火栓系统等消防设施并保持完好有效。

（3）实训用具及其他物品、材料等配置要求如下（按标准培训班 30 人配备）。

序号	设备名称	数量	要求	三级/高级	二级/技师	一级/高级技师
1	教师讲台桌椅	1 个	多媒体讲台（钢制）、高脚凳	✓	✓	✓
2	投影机	1 套	EPSON CB-2042 标准分辨率：WXGA（1 280×800）	✓	✓	✓
3	幕布	1 套	100 英寸电动；4:3，优质进口幕布	✓	✓	✓
4	显示屏	1 台	不小于 75 英寸的显示屏（壁挂式或移动式），投影机、幕布组合与显示屏可任选其一	✓	✓	✓
5	机柜	1 套	标准服务器机柜	✓	✓	✓
6	台式计算机	不少于 30 台		✓	✓	✓
7	宽带互联网连接		连接速率不低于 100 Mbps	✓	✓	✓
8	路由器	1 套	路由器类型：企业级路由器 支持 Wi-Fi6 标准，满足至少 30 人并发需求	✓	✓	✓
9	交换机	一套	支持 1 000 M 端口速率	✓	✓	✓
10	不间断电源	一套	根据容量配置	✓	✓	✓
11	标准电脑桌椅	30 套	国产定制	✓	✓	✓
12	白板	2 个	常规尺寸，根据实际需求购置	✓	✓	✓
13	白板笔	5 支	可擦白板笔	✓	✓	✓

续表

序号	设备名称	数量	要求	三级/高级	二级/技师	一级/高级技师
14	电源设备	5套	额定500 W计算机电源	✓	✓	✓
15	数字激光笔	1个	支持红色激光以及数字式指示（本条为可选项）	✓	✓	✓
16	音响设备	1套	有源音箱（含功放）	✓	✓	✓
17	无线话筒	2个	无线话筒（随身式）	✓	✓	✓
18	供应链数据分析工具	1套	满足国家职业技能标准各模块实训功能	✓	✓	✓
19	供应链运营模拟实训系统	1套	满足国家职业技能标准各模块实训功能		✓	✓

1.3.3　教学资料配备要求

（1）培训规范：《供应链管理师国家职业技能标准》《供应链管理师职业基本素质培训要求》《供应链管理师职业技能培训要求》《供应链管理师职业基本素质培训课程规范》《供应链管理师职业技能培训课程规范》《供应链管理师基本素质培训考核规范》《供应链管理师职业技能培训理论知识考核规范》《供应链管理师职业技能培训操作技能考核规范》。

（2）教学资源：教材教辅、网络资源等内容必须符合"（1）培训规范"。

1.3.4　管理人员配备要求

（1）专职校长：1人，应具有大专及以上文化程度、中级及以上专业技术职务任职资格，从事职业技术教育及教学管理5年以上，熟悉职业培训的有关法律、法规。

（2）教学管理人员：1人以上，专职不少于1人；应具有大专及以上文化程度、中级及以上专业技术职务任职资格，从事职业教育及教学管理5年以上，具有丰富的教学管理经验。

（3）教务管理人员：1人以上，应具有大专及以上文化程度。

（4）财务人员：2人，应具有大专及以上文化程度、财会人员从业资格证书。

1.3.5　管理制度要求

培训机构应建立健全完备的管理制度，包括办学章程与发展规划、教学管理、教师管理、学员管理、财务管理、设备管理、安全管理等制度。

2
课程包

2.1 培训要求

2.1.1 职业基本素质培训要求

职业基本素质模块	培训内容	培训细目
1. 职业道德	1-1 职业概述	(1) 职业的内涵 (2) 职业的分类
	1-2 职业道德基本知识	(1) 道德的定义 (2) 职业道德的内涵 (3) 职业道德修养的含义和内容 (4) 提高职业道德修养的基本途径
	1-3 职业守则	供应链管理师职业守则
2. 职业基础知识	2-1 供应链管理基础知识	(1) 供应链产生的背景 (2) 供应链的基本概念 (3) 供应链管理的内涵 (4) 供应链管理的意义
	2-2 采购管理基础知识	(1) 现代采购管理的发展 (2) 现代采购管理组织 (3) 供应商选择与考核 (4) 供应商合作伙伴关系
	2-3 物流管理基础知识	(1) 现代物流的概念、职能与类型 (2) 现代物流的性质与作用
	2-4 绩效管理与风险管理基础知识	(1) 供应链绩效评价方法 (2) 供应链绩效评价 (3) 供应链风险管理
	2-5 数据管理基础知识	(1) 供应链数据的收集与整理 (2) 数据归类与可视化处理 (3) 处理数据的应用
3. 安全生产与环境保护基础知识	3-1 职业安全知识	(1) 职业危害和职业禁忌的含义 (2) 构成职业危害的因素
	3-2 职业健康知识	(1) 职业健康影响因素 (2) 职业病预防
	3-3 环境保护相关知识	(1) 工作环境与工作效率之间的关系 (2) 企业环境保护的重要性

续表

职业基本素质模块	培训内容	培训细目
4．相关法律法规知识	4-1 《中华人民共和国民法典》相关知识	《中华人民共和国民法典》第一编总则
	4-2 《中华人民共和国劳动法》相关知识	《中华人民共和国劳动法》相关知识
	4-3 《中华人民共和国劳动合同法》相关知识	《中华人民共和国劳动合同法》全文
	4-4 《中华人民共和国招标投标法》相关知识	《中华人民共和国招标投标法》全文
	4-5 《中华人民共和国环境保护法》相关知识	《中华人民共和国环境保护法》全文
	4-6 国际贸易法律法规相关知识	（1）班轮运输的国际公约、铁路运输的国际公约 （2）多式联运国际公约 （3）国际航空货物运输国际公约

2.1.2 三级/高级职业技能培训要求

职业功能模块	培训内容	技能目标	培训细目
1．计划管理	1-1 需求预测处理	1-1-1 能完成数据处理和编制可视化分析报告	（1）需求及其影响因素 （2）数据的基本统计描述 （3）数据的收集方法 （4）数据分类和数据清洗 （5）数据可视化的工具与方法 （6）应用新知
		1-1-2 能编制市场调研报告	（1）调研报告的类型 （2）市场调研的方法 （3）市场调研报告的撰写 （4）应用新知
		1-1-3 能使用模型进行需求预测分析	（1）需求预测的定义和目的 （2）需求预测的方法 （3）Excel数据处理功能 （4）影响需求预测的因素 （5）需求预测的相关数据说明 （6）需求预测数据处理过程

续表

职业功能模块	培训内容	技能目标	培训细目
1．计划管理	1-2 客户订单分析	1-2-1 能编制客户订单数据分析报告	（1）客户订单 （2）客户稳定性 （3）合作关系 （4）客户订单数据处理与分析方法
		1-2-2 能提出客户分级建议方案	（1）客户分级 （2）客户价值的含义及其评估 （3）客户关系管理——CRM （4）客户关系管理的要求 （5）应用客户关系管理策略
	1-3 库存计划处理	1-3-1 能采集并处理库存计划数据	（1）库存的定义和类型 （2）库存的价值与作用 （3）库存计划数据包括的范围 （4）库存计划数据的采集 （5）库存计划数据处理与分析 （6）库存计划数据处理方法
		1-3-2 能编制库存计划可视化报告	（1）库存管理 （2）库存合理化 （3）库存计划可视化图表的生成工具及其应用
2．采购管理	2-1 采购订单分析	2-1-1 能编制采购订单数据分析报告	（1）采购订单数据的来源 （2）对订单数据进行分类 （3）采购订单主要条目的数据分析 （4）订单数据收集、分析与分类及其应用
		2-1-2 能编制供应商绩效分析报告	（1）供应商绩效指标构成 （2）供应商绩效评估体系 （3）供应商绩效分析策略 （4）应用层次分析法解决实际问题
	2-2 供应商管理	2-2-1 能采集与处理供应商信息	（1）供应商信息范围 （2）供应商信息的获取途径 （3）供应商信息的比较 （4）供应商信息处理的方法及其应用
		2-2-2 能执行供应商选择策略	（1）供应商选择指标 （2）供应商选择的影响因素 （3）供应商选择指标的确定 （4）供应商选择指标的应用 （5）供应商选择的流程

续表

职业功能模块	培训内容	技能目标	培训细目
3．生产管理	3-1 生产计划执行支持	3-1-1 能采集并处理产能数据	(1) 主生产计划的编制 (2) 产能的相关概念 (3) 产能数据的采集与处理方法 (4) 设备维护的基本方式
		3-1-2 能处理生产计划变更	(1) 生产计划变更情形 (2) 生产计划变更流程 (3) 生产计划变更的影响 (4) 生产计划风险评估与变更控制方法及其应用 (5) 生产计划调整
	3-2 物料控制	3-2-1 能采集并处理物料库存数据	(1) 物料库存的概念和分类 (2) 库存管理方法 (3) 物料线边库存 (4) 物料库存数据处理的方法及其应用
		3-2-2 能设定物料库存控制指标	(1) 库存控制的概念 (2) 物料库存控制KPI (3) 库存控制系统 (4) 库存控制方法及其应用
4．物流管理	4-1 运输与配送运营	4-1-1 能设计运输与配送作业流程优化方案	(1) 运输概述 (2) 各种运输方式的技术经济特性 (3) 设计货物运输作业流程 (4) 选择和应用运输绩效指标 (5) 运输方式选择的原则 (6) 常见的不合理运输及其产生原因 (7) 运输作业绩效评价指标的构成
		4-1-2 能编制运输与配送作业绩效考核报告	(1) 配送概述 (2) 配送中心 (3) 配送网络结构 (4) 配送模式与配送服务方式 (5) 节约里程法及其应用
	4-2 仓储运营	4-2-1 能编制仓储作业流程优化报告	(1) 仓储作业流程 (2) 仓储作业优化 (3) EIQ方法基本原理及其应用
		4-2-2 能编制仓储作业绩效考核报告	

续表

职业功能模块	培训内容	技能目标	培训细目
4．物流管理	4-3 逆向物流运营	4-3-1 能设计逆向物流作业流程优化方案	(1) 物流成本的概念及内容 (2) 物流成本核算方法及其应用 (3) 逆向物流的概念和基本作业流程 (4) 逆向物流回收模式及其选择和应用 (5) 逆向物流成本的构成 (6) 逆向物流绩效指标的构成
		4-3-2 能编制逆向物流绩效考核报告	(1) 运输配送作业绩效评价 (2) 平衡计分卡及其应用 (3) 标杆管理法及其应用
	4-4 物流外包监控	4-4-1 能采集并处理外包数据	(1) 物流绩效的基本概念 (2) 物流绩效评价的意义 (3) 物流绩效评价的复杂性 (4) 物流绩效评价原则 (5) 物流绩效评价方法及其应用 (6) 物流外包 (7) 物流外包的决策方法及其应用
		4-4-2 能编制外包绩效考核报告	(1) 外包物流的评价方法——关键绩效指标 (2) 关键绩效指标确定方法及其应用

2.1.3 二级/技师职业技能培训要求

职业功能模块	培训内容	技能目标	培训细目
1．战略管理	1-1 供应链流程管理	1-1-1 能制定供应链战略实施方案	(1) 竞争战略实施环境分析 (2) 供应链战略选择 (3) 供应链战略匹配
		1-1-2 能分解供应链管理目标	(1) 供应链管理目标的确定 (2) 供应链管理多重目标的协调 (3) 供应链目标与供应链成员目标的协同
		1-1-3 能设计供应链资源配置方案	(1) 供应链资源的识别 (2) 供应链资源配置工具与方法 (3) 供应链线上线下资源的整合

续表

职业功能模块	培训内容	技能目标	培训细目
1. 战略管理	1-2 供应链规划与布局	1-2-1 能设计供应链网络	(1) 供应链网络设计流程 (2) 供应链网络诊断与优化
		1-2-2 能设计生产与服务设施选址方案	(1) 选址步骤 (2) 选址方法
	1-3 供应链风险评估	1-3-1 能识别并评估供应链风险事件	(1) 供应链风险事件的识别 (2) 供应链风险事件的评估
		1-3-2 能制定供应链风险控制方案	(1) 供应链风险控制策略 (2) 供应链风险控制措施 (3) 供应链风险控制方法
	1-4 供应链绩效管理	1-4-1 能制定供应链绩效评估流程	(1) 供应链绩效评估的目标和流程 (2) 供应链绩效评估的工具和方法
		1-4-2 能设计供应链绩效改进方案	(3) 供应链绩效改进的工具和方法
2. 计划管理	2-1 销售与运营计划（S&OP）实施	2-1-1 能组织实施销售与运营计划（S&OP）会议	(1) 销售与运营计划（S&OP）的流程 (2) 销售与运营计划（S&OP）的实施
		2-1-2 能跟踪销售与运营计划（S&OP）执行并采集数据	(1) 销售与运营计划（S&OP）数据采集与处理工具 (2) 销售与运营计划（S&OP）数据采集与处理方法
	2-2 客户需求管理	2-2-1 能设计客户需求预测流程	(1) 需求预测流程 (2) 需求预测方法选择
		2-2-2 能编制客户需求分析报告	(1) 客户需求分析的方法 (2) 客户需求分析报告内容
		2-2-3 能编制客户需求计划	(1) 客户需求计划编制流程 (2) 客户需求计划工作内容
	2-3 库存计划管理	2-3-1 能设计供应链库存管理方案	(1) 供应商管理库存 (2) 联合库存管理 (3) 协同式供应链库存管理
		2-3-2 能编制库存计划	(1) 设置安全库存 (2) 设置订货点 (3) 设置订货量 (4) 设置库存水平
		2-3-3 能制定库存控制策略	(1) 库存控制的目标及内容 (2) 库存控制策略

续表

职业功能模块	培训内容	技能目标	培训细目
3．采购管理	3-1 供应商评估与选择	3-1-1 能制定供应商评估与选择策略	(1) 供应商评估流程 (2) 供应商评估标准和指标体系 (3) 供应商选择方法 (4) 供应商选择工具 (5) 供应商实地考察策略
		3-1-2 能执行供应商合同管理策略	(1) 供应商合同订立管理 (2) 供应商合同履行管理 (3) 供应商合同解除与终止
	3-2 供应商开发	3-2-1 能制定供应商开发流程	(1) 供应商开发流程 (2) 供应商开发方法
		3-2-2 能对供应商进行认证与分级	(1) 供应商认证流程 (2) 供应商层级划分
	3-3 采购合规管理	3-3-1 能制定供应商行为准则	(1) 企业社会责任 (2) 供应商行为准则制定
		3-3-2 能制定供应商合规性评价规范	(1) 供应商合规性评价方案 (2) 供应商合规性评价方法
4．生产管理	4-1 产能规划与调控	4-1-1 能计算和规划产能	(1) 产能计算 (2) 产能规划 (3) 产能平衡分析
		4-1-2 能制定产能调控方案	(1) 产能调控策略选择 (2) 产能调控方案设计
	4-2 产品与服务生产流程管理	4-2-1 能制定产品与服务生产流程	(1) 生产流程设计的影响因素 (2) 产品与服务生产流程的选择决策 (3) 产品与服务生产流程的空间组织方法 (4) 产品与服务生产流程的时间组织方法
		4-2-2 能设计产品与服务生产流程优化方案	(1) 产品与服务生产流程优化方法 (2) 选择合适的优化方法进行生产流程优化方案设计
	4-3 物料管理	4-3-1 能制订物料计划	(1) 主生产计划 (2) 物料需求计划
		4-3-2 能制定物料库存管理流程	(1) 物料库存管理流程 (2) 物料库存控制策略

续表

职业功能模块	培训内容	技能目标	培训细目
5．物流管理	5-1 运输与配送管理	5-1-1 能设计运输与配送运营方案	(1) 运输方案设计 (2) 配送方案设计
		5-1-2 能设计运输与配送业务绩效考核方案	(1) 运输业务绩效考核指标 (2) 配送业务绩效考核指标 (3) 运输与配送业务绩效考核方法
	5-2 仓储管理	5-2-1 能制定仓储运营方案	(1) 仓储运营的主要内容 (2) 仓储运营方案设计
		5-2-2 能设计仓储业务绩效考核方案	(1) 仓储业务绩效考核指标 (2) 仓储业务绩效考核方法
	5-3 逆向物流管理	5-3-1 能制定逆向物流运营方案	(1) 逆向物流运营方案设计 (2) 逆向物流运营方案的选择原则
		5-3-2 能设计逆向物流业务绩效考核方案	(1) 逆向物流业务绩效考核指标 (2) 逆向物流业务绩效考核方法
	5-4 物流业务外包策略实施	5-4-1 能制定物流业务外包服务体系	(1) 物流业务外包的决策分析 (2) 物流业务外包风险控制
		5-4-2 能设计物流供应商管理和绩效考核方案	(1) 物流供应商关系管理 (2) 物流供应商绩效考核方案设计
6．创新管理	6-1 供应链创新服务	6-1-1 能制定供应链创新方案	(1) 供应链创新的环境分析 (2) 供应链创新的流程与方法
		6-1-2 能编写供应链创新服务项目报告	(1) 供应链创新服务项目概述 (2) 供应链创新服务项目内容 (3) 供应链创新服务项目实施计划 (4) 供应链创新服务项目经济测算
	6-2 供应链金融业务管理	6-2-1 能编制供应链金融业务需求分析报告	(1) 供应链金融业务需求分析方法 (2) 供应链金融业务的用户需求分析

续表

职业功能模块	培训内容	技能目标	培训细目
6．创新管理	6-2 供应链金融业务管理	6-2-2 能设计供应链金融业务优化方案	(1) 供应链金融业务优化方案的设计原则及目的 (2) 供应链全流程金融服务优化方案设计 (3) 供应链金融业务风险控制优化方案设计 (4) 供应链内部流程敏捷优化方案设计
	6-3 供应链数字化运营	6-3-1 能制定供应链数字化运营实施方案	(1) 供应链数字化运营方案的主要内容 (2) 供应链数字化运营方案的设计步骤
		6-3-2 能制定供应链大数据、区块链等新技术应用方案	(1) 大数据技术在供应链中应用方案的制定 (2) 区块链技术在供应链中应用方案的制定
7．培训指导	7-1 业务培训	7-1-1 能编制培训计划	培训计划的制订
		7-1-2 能编制培训讲义	(1) 培训课程资源的开发 (2) 培训的组织与实施
		7-1-3 能对三级/高级工进行培训	
	7-2 业务指导	7-2-1 能制定业务指导方案	供应链管理师三级/高级工作业指导书的编制
		7-2-2 能对三级/高级工进行业务指导	

2.1.4 一级/高级技师职业技能培训要求

职业功能模块	培训内容	技能目标	培训细目
1．战略管理	1-1 供应链战略制定	1-1-1 能制定供应链战略	(1) 供应链战略环境分析工具的选择与应用 (2) 供应链战略框架制定 (3) 供应链战略内容
		1-1-2 能设计供应链方案	(1) 供应链成员与合作伙伴的选择 (2) 供应链网络结构设计 (3) 供应链运行规则 (4) 供应链网络结构的差异性

续表

职业功能模块	培训内容	技能目标	培训细目
1. 战略管理	1-2 供应链风险管理	1-2-1 能构建供应链风险评估体系	（1）供应链风险的来源 （2）供应链风险评估框架
		1-2-2 能设计供应链风险管理策略	（1）供应链风险管理工具 （2）供应链风险管理策略
	1-3 供应链绩效管理体系制定	1-3-1 能设计供应链绩效管理体系	（1）供应链绩效指标 （2）供应链绩效管理体系
		1-3-2 能制定供应链绩效管理制度	（1）供应链绩效管理制度制定方法 （2）供应链绩效管理最佳实践
	1-4 供应链质量管理体系制定	1-4-1 能设计供应链质量管理体系	（1）供应链质量构成 （2）供应链质量评估框架 （3）供应链质量体系
		1-4-2 能制定供应链质量管理制度	（1）供应链质量管理制度制定方法 （2）供应链质量管理工具的应用 （3）供应链质量管理最佳实践
2. 计划管理	2-1 供应链协同计划制订	2-1-1 能制定供应链协同策略	（1）供应链上谷仓效应分析 （2）供应链协同策略制定方法
		2-1-2 能设计供应链产供销协同方案	（1）产销协同方案制定 （2）产销协同方案设计的关键要素
	2-2 销售与运营计划（S&OP）流程管理	2-2-1 能设计销售与运营计划（S&OP）流程	（1）S&OP流程的构成与设计 （2）S&OP流程设计的成功要素
		2-2-2 能评估销售与运营计划（S&OP）实施绩效	（1）S&OP实施绩效指标设计 （2）S&OP运作成熟度评估
	2-3 战略库存管理	2-3-1 能制定供应链战略库存策略	（1）供应商管理库存 （2）联合库存管理 （3）CPFR
		2-3-2 能设计供应链战略库存实施方案	（1）供应链战略库存实施阶段 （2）供应链战略库存的构成 （3）供应链战略库存实施展望

续表

职业功能模块	培训内容	技能目标	培训细目
3．采购管理	3-1 采购管理体系制定	3-1-1 能制定企业采购管理制度	(1) 明确采购的目标与战略 (2) 制定采购管理体系的内容与划分标准 (3) 制定采购管理制度的要点
		3-1-2 能制定采购流程	(1) 确立企业采购管理制度 (2) 制定企业采购管理流程
	3-2 战略寻源策略制定	3-2-1 能制定供应商寻源流程	(1) 明确战略寻源的价值 (2) 战略寻源的过程
		3-2-2 能设计供应商战略寻源方案	(1) 制定战略寻源框架 (2) 实施战略寻源
	3-3 采购合规体系制定	3-3-1 能制定采购合规管理体系	(1) 合规管理体系 (2) 采购合规体系
		3-3-2 能制定采购合规评价体系	(1) 采购合规评价体系的构建 (2) 采购合规评价体系的优化
4．生产管理	4-1 生产策略制定	4-1-1 能制定生产模式策略	(1) 产品生产特征 (2) 企业生产战略 (3) 不同生产模式的比较与应用
		4-1-2 能设计生产计划优化方案	(1) 生产计划规划求解方法 (2) 优化方法 (3) 使用规划工具进行生产计划优化
	4-2 物料管理策略制定	4-2-1 能制定物料控制模式	(1) 制定物料管理的目标 (2) 明确生产物料管理的原则 (3) 制定物料控制的主要任务
		4-2-2 能制定联合库存管理策略	(1) 联合库存管理的主要形式 (2) 联合库存管理策略的实施要点
		4-2-3 能制定安全库存策略	(1) 保有安全库存的原因分析 (2) 安全库存的制定方法

续表

职业功能模块	培训内容	技能目标	培训细目
4．生产管理	4-3 产品与服务开发协同	4-3-1 能对产品与服务开发的策略提出建议	（1）产品与服务开发的核心思想 （2）产品与服务开发策略
		4-3-2 能设计产品与服务开发的优化项目方案	（1）产品开发流程优化 （2）产品与服务开发优化方案的编制
5．物流管理	5-1 物流运营策略制定	5-1-1 能制定运输与配送运营策略	（1）物流运营的范畴 （2）物流运营的策略
		5-1-2 能制定运输与配送考核与评价体系	
		5-1-3 能制定仓储运营策略	（1）物流服务的考核指标体系 （2）仓储考核指标体系 （3）运输与配送考核指标体系
		5-1-4 能制定仓储考核与评价体系	
	5-2 逆向物流体系设计	5-2-1 能设计逆向物流网络体系	（1）逆向物流生态系统 （2）逆向物流网络结构 （3）逆向物流网络规划与设计
		5-2-2 能制定逆向物流管理策略	（1）逆向物流实施策略 （2）逆向物流实施步骤 （3）逆向物流管理与评价方法
	5-3 物流外包战略制定	5-3-1 能制定物流运营模式	（1）物流外包的策略选择 （2）自营模式 （3）外包模式 （4）混合模式
		5-3-2 能制定物流供应商选择策略	（1）物流供应商的选择与评价指标 （2）物流供应商选择的步骤 （3）物流供应商选择的方法
6．创新管理	6-1 供应链创新服务	6-1-1 能制定供应链创新策略	（1）供应链创新的领域 （2）制定不同类型的供应链创新策略 （3）供应链创新应用典型经验
		6-1-2 能开发管理供应链创新项目	（1）供应链创新项目分类 （2）供应链创新项目开发流程

续表

职业功能模块	培训内容	技能目标	培训细目
6. 创新管理	6-2 供应链金融业务战略制定	6-2-1 能制定供应链金融业务发展策略	(1) 供应链金融业务模式 (2) 供应链金融发展策略
		6-2-2 能规划供应链金融业务	(1) 供应链金融商业模式 (2) 供应链金融业务规划
		6-2-3 能制定供应链金融业务风险控制策略	(1) 供应链金融风险分类 (2) 供应链金融风控策略
	6-3 供应链数字化战略制定	6-3-1 能制定供应链数字化战略	(1) 供应链数字化趋势 (2) 供应链数字化转型方案
		6-3-2 能利用大数据、区块链等新技术组织供应链创新	(1) 供应链大数据创新应用 (2) 供应链大数据应用技术 (3) 区块链技术在供应链上的应用价值
7. 培训指导	7-1 业务培训	7-1-1 能编制培训规划方案	(1) 培训需求分析 (2) 培训计划的制订
		7-1-2 能对二级/技师进行培训	
	7-2 业务指导	7-2-1 能制定业务指导策略与体系	(1) 制定业务指导策略 (2) 业务指导书的编制流程
		7-2-2 能对二级/技师进行业务指导	

2.2 课程规范

2.2.1 职业基本素质培训课程规范

模块	课程	学习单元	课程内容	培训建议	课堂学时
1. 职业道德	1-1 职业概述	职业与职业分类	1) 职业的定义 2) 职业的分类	(1) 方法:讲授法、案例教学法 (2) 重点与难点:职业的定义	1

续表

模块	课程	学习单元	课程内容	培训建议	课堂学时
1. 职业道德	1-2 职业道德基本知识	职业道德修养的内涵和意义	1）道德的定义 2）职业道德的内涵 3）加强职业道德修养的意义 4）提高职业道德修养的基本途径	（1）方法：讲授法、案例教学法 （2）重点与难点：职业道德的内涵，提高职业道德修养的基本途径	2
	1-3 职业守则	职业守则	1）守法合规，诚实守信 2）资源整合，协作创新 3）精益生产，提升效率 4）协同管理，实现共赢 5）注重安全，保守秘密 6）防范风险，持续发展	（1）方法：讲授法、案例教学法 （2）重点与难点：职业守则的具体要求	2
2. 职业基础知识	2-1 供应链管理基础知识	供应链管理基础知识	1）企业物流管理 2）供应链的提出 3）供应链的定义 4）供应链的特征 5）供应链管理的概念 6）供应链管理的内容 7）供应链管理的意义	（1）方法：讲授法、案例教学法 （2）重点与难点：掌握供应链管理的内容、供应链管理的意义	2
	2-2 采购管理基础知识	采购管理基础知识	1）采购管理理念的演进 2）采购管理职能的重要性 3）采购管理职能 4）采购组织模式 5）电子采购模式 6）优质供应商的选择与识别	（1）方法：讲授法、案例教学法 （2）重点与难点：采购管理职能，供应商选择与识别	2

续表

模块	课程	学习单元	课程内容	培训建议	课堂学时
2．职业基础知识	2-3 物流管理基础知识	物流管理基础知识	1）现代物流活动的市场表现 2）现代物流的概念 3）现代物流的职能 4）现代物流的分类 5）现代物流的性质 6）现代物流的作用	（1）方法：讲授法、案例教学法 （2）重点与难点：现代物流的职能，现代物流的作用	2
	2-4 绩效管理与风险管理基础知识	供应链绩效管理与风险管理基础知识	1）供应链绩效评价的概念、作用和要求 2）供应链绩效评价方法——标杆法、平衡计分卡 3）供应链绩效评价指标构建的原则、框架与指标选用 4）风险管理的途径 5）风险的识别、分析与应对	（1）方法：讲授法、案例教学法 （2）重点与难点：供应链绩效评价的方法	2
	2-5 数据管理基础知识	供应链数据管理基础知识	1）经济数据的收集 2）基本数据处理工具——Excel 3）数据的归类与清洗 4）处理数据的应用	（1）方法：讲授法、演示法、案例教学法 （2）重点与难点：基本数据的处理工具——Excel，处理数据的应用	2
3．安全生产与环境保护基础知识	3-1 职业安全知识	职业安全知识	1）职业危害的含义 2）职业禁忌的含义 3）职业危害的构成因素 4）职业危害因素存在的状态 5）职业危害解除限制指标 6）供应链管理师职业安全知识	（1）方法：讲授法、案例教学法 （2）重点与难点：职业危害的构成因素，供应链管理师职业安全知识	2

续表

模块	课程	学习单元	课程内容	培训建议	课堂学时
3. 安全生产与环境保护基础知识	3-2 职业健康知识	职业健康知识	1）职业健康的含义 2）职业健康危害的构成因素 3）职业病的诊断与预防	（1）方法：讲授法、案例教学法 （2）重点与难点：职业健康危害的构成因素，职业病的诊断与预防	1
	3-3 环境保护相关知识	环境保护基础知识	1）工作环境与工作效率之间的关系 2）企业开展环境保护的重要性 3）个人参与环境保护的行为规范	（1）方法：讲授法、案例教学法 （2）重点与难点：企业开展环境保护的重要性，个人参与环境保护的行为规范	1
4. 相关法律法规知识	4-1 《中华人民共和国民法典》相关知识	民事权利能力和民事行为能力	《中华人民共和国民法典》第二章第一节：民事权利能力和民事行为能力，即第十三条到第二十五条	（1）方法：讲授法、案例教学法 （2）重点与难点：自然人的定义，民事权利能力的规定	1
	4-2 《中华人民共和国劳动法》相关知识	中华人民共和国劳动法	《中华人民共和国劳动法》第一章到第十一章全部内容	（1）方法：讲授法、案例教学法 （2）重点与难点：工资，社会保险与福利	1
	4-3 《中华人民共和国劳动合同法》相关知识	中华人民共和国劳动合同法	《中华人民共和国劳动合同法》第一章到第八章全部内容	（1）方法：讲授法、案例教学法 （2）重点与难点：劳动合同的履行和变更，劳动合同的解除和终止	1
	4-4 《中华人民共和国招标投标法》相关知识	中华人民共和国招标投标法	《中华人民共和国招标投标法》第一章到第六章全部内容	（1）方法：讲授法、案例教学法 （2）重点与难点：招标、投标、开标、评标和中标，法律责任	1
	4-5 《中华人民共和国环境保护法》相关知识	中华人民共和国环境保护法	《中华人民共和国环境保护法》第一章到第七章全部内容	（1）方法：讲授法、案例教学法 （2）重点与难点：保护和改善环境，法律责任	1

续表

模块	课程	学习单元	课程内容	培训建议	课堂学时
4.相关法律法规知识	4-6 国际贸易法律法规相关知识	国际贸易法律法规	1）班轮运输国际公约：海牙规则、维斯比规则、汉堡规则 2）铁路运输国际公约：国际货约和国际货协 3）国际多式联运相关公约 4）国际航空运输公约：蒙特利尔公约	（1）方法：讲授法、案例教学法 （2）重点与难点：不同公约适用的范围，公约的具体规则	2
课堂学时合计					26

2.2.2 三级/高级职业技能培训课程规范

模块	课程	学习单元	课程内容	培训建议	课堂学时
1.计划管理	1-1 需求预测处理	（1）数据处理与可视化分析报告	1）需求及其影响因素 ①需求的含义 ②需求的影响因素 2）数据的基本统计描述 ①平均数 ②中位数 ③众数 ④方差 ⑤标准差 3）数据的收集方法 ①调查法 ②观察法 ③咨询法 ④实物量分析法 ⑤试点方法 ⑥文献检索法 ⑦网络信息收集法 4）数据分类及原则 ①数据分类的含义 ②数据分类的原则	（1）方法：讲授法、案例教学法 （2）重点与难点：数据可视化的工具与方法	4

续表

模块	课程	学习单元	课程内容	培训建议	课堂学时
1. 计划管理	1-1 需求预测处理	（1）数据处理与可视化分析报告	5）数据清洗 ①数据清洗的含义与原理 ②不同数据的清洗方法		
			6）数据可视化的工具与方法 ①常用可视化图表的适用范围 ②常用数据可视化的主要工具 ③数据可视化的准则 ④数据可视化的制作方法		
			7）应用新知 ①收集数据 ②数据处理 ③市场分析 ④年增长率分析		
		（2）编制市场调研报告	1）调研报告的类型 ①常见调研报告分类 ②调研报告按功能分类	（1）方法：讲授法、案例教学法 （2）重点与难点：市场调研报告的格式与规范	2
			2）市场调研的方法 ①观察法 ②实验法 ③访问法 ④问卷法		
			3）市场调研报告的格式与规范		
		（3）使用模型进行需求预测分析	1）需求预测的定义和目的 ①需求预测的定义 ②需求预测的目的	（1）方法：讲授法、演示法、案例教学法 （2）重点与难点：需求预测的工具	4
			2）需求预测的方法 ①定性预测法 ②定量预测法		
			3）需求预测的工具 ① Excel ② SPSS 软件和 R 语言		

续表

模块	课程	学习单元	课程内容	培训建议	课堂学时
1. 计划管理	1-1 需求预测处理	(3) 使用模型进行需求预测分析	4) 影响需求预测的因素 ①区域范围 ②产品本身的因素 ③消费者 ④竞争者 ⑤公司行为		
			5) 需求预测的相关数据说明 ①自相关分析 ②置信区间分析		
			6) 需求预测数据处理过程		
			7) 应用新知1 ①模型选择 ② Excel 预测 ③置信度及置信区间分析		
			8) 应用新知2 ①数据收集 ②回归分析		
	1-2 客户订单分析	(1) 编制订单数据分析可视化报表	1) 客户订单	(1) 方法：讲授法、演示法、案例教学法 (2) 重点与难点：订单数据分析方法——RFM 模型	2
			2) 客户稳定性		
			3) 合作关系		
			4) 订单数据分析方法——RFM 模型 ①最近一次消费 ②消费频率 ③消费金额		
			5) 应用新知 ①收集数据 ②订单数据分析 ③ RFM 分析		

续表

模块	课程	学习单元	课程内容	培训建议	课堂学时
1. 计划管理	1-2 客户订单分析	（2）客户分级	1）客户分级 ①重要客户 ②主要客户 ③普通客户 ④小客户 2）客户价值的含义及其评估 ①客户价值的含义 ②客户价值的评估 3）客户关系管理——CRM ①客户关系管理的定义 ②客户关系管理的意义 ③客户关系管理策略 4）应用新知 ①确定分级标准 ②对客户进行分级 ③对不同等级的客户进行分析 ④客户关系管理策略	（1）方法：讲授法、演示法、案例教学法 （2）重点与难点：客户关系管理——CRM	4
	1-3 库存计划处理	（1）采集与处理库存计划数据	1）库存的定义 2）库存的类型 3）库存的价值与作用 4）库存的弊端 5）库存计划数据的范围 6）库存计划数据的采集 7）库存计划数据的处理 8）应用新知 ①对所需的库存计划数据进行汇总 ②对所需的库存计划数据进行采集 ③对所需的库存计划数据进行处理	（1）方法：讲授法、演示法、案例教学法 （2）重点与难点：库存计划数据的采集和处理	4

续表

模块	课程	学习单元	课程内容	培训建议	课堂学时
1．计划管理	1-3 库存计划处理	（2）编制库存计划可视化报告	1）库存管理 2）库存合理化 3）库存计划可视化报表的内容 4）应用新知 ①经济补货量分析 ②经济补货周期分析 ③订货时间分析 ④货物服务满足率分析 ⑤库存合理化分析及建议	（1）方法：讲授法、演示法、案例教学法 （2）重点与难点：库存计划可视化报表的内容	4
2．采购管理	2-1 采购订单分析	（1）采购订单数据分析	1）采购订单数据的来源 ①适当的请购人 ②请购单包含的信息 ③采购费用预算 2）对订单数据进行分类 ①根据与供方签订协议的不同对请购单分类 ②根据订单的性质分类 ③根据ABC分类法分类 3）采购订单主要条目的数据分析 ①进货合格率 ②准时交货率 ③订单满足率 ④交货灵活度 ⑤信息沟通能力 ⑥企业供应能力 ⑦企业创新能力 ⑧同行业竞争地位 ⑨服务回应 4）应用新知 ①收集数据 ②订单分类	（1）方法：讲授法、案例教学法 （2）重点与难点：对订单数据进行分类，采购订单主要条目的数据分析	2

续表

模块	课程	学习单元	课程内容	培训建议	课堂学时
2. 采购管理	2-1 采购订单分析	（2）供应商绩效分析	1）供应商绩效指标构成	（1）方法：讲授法、演示法、案例教学法 （2）重点与难点：供应商绩效分析策略	4
			2）供应商绩效评估体系		
			3）供应商绩效分析策略 ①建立层次结构模型 ②构造指标判断矩阵 ③层次单排序与一致性检验		
			4）应用新知 ①确定绩效评估指标 ②制定供应商绩效分析策略（专家评分、确定指标权重、供应商优选）		
	2-2 供应商管理	（1）供应商信息搜集与处理	1）供应商信息范围 ①供应商的基本情况 ②供应商的设计、工程、工艺情况 ③供应商的生产能力 ④供应商的企业管理制度 ⑤质量控制能力	（1）方法：讲授法、演示法、案例教学法 （2）重点与难点：供应商信息的比较	2
			2）供应商信息的获取途径 ①销售商 ②互联网 ③行业杂志 ④商品目录 ⑤企业名录 ⑥贸易博览会 ⑦其他方法		
			3）供应商信息的比较 ①直观判断法 ②综合评分法		

续表

模块	课程	学习单元	课程内容	培训建议	课堂学时
2．采购管理	2-2 供应商管理	（2）供应商选择方法	1）供应商选择指标 ①企业素质 ②产品质量 ③价格水平 ④交货能力 ⑤售后保障 ⑥企业环境评价 ⑦企业发展潜力 2）供应商选择的影响因素 ①管理能力 ②员工素质 ③财务稳定性 ④信誉状况 ⑤遵从环境法规 3）供应商选择的标准 ①短期标准 ②长期标准 4）供应商选择的步骤 ①分析市场竞争环境 ②建立供应商选择目标 ③发放标书、资格预审 ④拟定初选名单 ⑤建立供应商评价标准 ⑥成立评价小组 ⑦供应商选择 ⑧确定供应商 ⑨早期供应商参与 ⑩供应商考核	（1）方法：讲授法、演示法、案例教学法 （2）重点与难点：供应商选择的步骤	2
3．生产管理	3-1 生产计划执行支持	（1）产能数据采集与处理	1）生产计划 ①生产计划的概念 ②主生产计划 ③生产排程与调度 2）产能 ①产能的含义 ②影响产能的因素 ③产能类型 3）产能数据的采集与处理 ①产能数据采集 ②产能数据处理	（1）方法：讲授法、演示法、案例教学法 （2）重点与难点：产能数据的采集与处理，设备维护的基本方式	4

续表

模块	课程	学习单元	课程内容	培训建议	课堂学时
3. 生产管理	3-1 生产计划执行支持	（1）产能数据采集与处理	4）设备维护的基本方式 ①事后维护 ②预防性维护 ③生产性维护 ④全面生产维护 ⑤基于状态的维护		
			5）应用新知 ①产能数据采集 ②产能数据处理		
		（2）生产计划变更与处理	1）生产计划变更情形	（1）方法：讲授法、演示法、案例教学法 （2）重点与难点：生产计划变更的处理方法，生产计划风险评估与变更控制	2
			2）生产计划变更流程		
			3）生产计划变更的影响 ①成本 ②时间 ③质量 ④需求范围		
			4）生产计划变更的处理方法 ①订单评审 ②存货分析、销售订单确认、设计工艺路线、制订生产计划 ③采购管理、排产管理和加工作业排队 ④加工作业中其他部分、装配、检测和入库		
			5）生产计划风险评估与变更控制 ①生产计划风险评估 ②变更控制		
			6）生产计划调整 ①产品数量增加 ②产品数量减少 ③产品类型变更 ④产品参数变更 ⑤交货期提前 ⑥交货期延后		

续表

模块	课程	学习单元	课程内容	培训建议	课堂学时
3．生产管理	3-1 生产计划执行支持	（2）生产计划变更与处理	7）应用新知 ①项目变更管理中存在问题分析 ②项目变更管理的基本流程 ③变更风险评估与控制		
	3-2 物料控制	（1）物料库存数据采集与处理	1）物料库存的概念 2）物料库存分类 ①影响物料库存分类的因素 ②物料分类方法 3）库存管理方法 ①推动式库存管理 ②拉动式库存管理 ③零库存管理 4）物料线边库存 ①线边库存的概念 ②线边库存的特点 ③线边库存管理可能存在的问题 5）物料库存数据处理 ①物料清单 ②物料需求计划 6）应用新知 ①产品库存分类与管理 ②产品线边库存管理与控制方案 ③产品的 MRP 计划	（1）方法：讲授法、演示法、案例教学法 （2）重点与难点：物料库存数据处理	2
		（2）物料库存控制及KPI	1）库存控制的概念 2）物料库存控制 KPI ①物料库存周转率 ②物料库存动销率 ③物料库存呆滞率 3）库存控制系统 ①定量补货系统 ②定期补货系统 ③最大最小系统	（1）方法：讲授法、演示法、案例教学法 （2）重点与难点：库存控制系统，库存控制策略	2

续表

模块	课程	学习单元	课程内容	培训建议	课堂学时
3．生产管理	3-2 物料控制	（2）物料库存控制及KPI	4）库存控制策略 ①自动库存补给法 ②供应商管理库存法 ③联合库存管理法 ④协同规划、预测与补给策略 ⑤多级库存管理		
			5）应用新知 ①库存管理存在问题的原因分析 ②库存管理方案设计 ③联合库存管理的优势		
4．物流管理	4-1 运输与配送运营	（1）运输管理	1）运输概述 ①运输的含义 ②货物运输的分类 ③运输的功能 ④运输在物流系统中的地位和作用 ⑤运输管理的基本原理	（1）方法：讲授法、案例教学法 （2）重点与难点：运输方式选择的原则，货物运输作业流程	4
			2）各种运输方式的技术经济特性 ①铁路运输 ②公路运输 ③水路运输 ④航空运输 ⑤管道运输		
			3）运输方式选择的原则 ①在500 km经济里程之内的中短途运输由公路运输承担 ②干线大运量快速运输由铁路承担 ③海运的两端与公路衔接 ④航空运输与城市配送衔接		

续表

模块	课程	学习单元	课程内容	培训建议	课堂学时
4．物流管理	4-1 运输与配送运营	（1）运输管理	4）货物运输作业流程 ①托运人填写托运单 ②托运单的审批和检验 ③确定货物运输里程和运杂费 ④托运单编号及分送 ⑤整车货物的理货 ⑥交费并领取货票 ⑦整车货物监装与监卸 ⑧整车货物运输的变更		
			5）常见的不合理运输及产生原因 ①几种常见的不合理运输 ②不合理运输产生的原因 ③运输合理化的有效措施		
			6）运输作业绩效评价指标的构成 ①货物运输量指标 ②运输效率指标 ③运输质量指标 ④运输成本与效益指标 ⑤社会效益指标		
			7）应用新知 ①确定运输路线 ②选择合适的运输方式		
		（2）配送及网络	1）配送概述 ①配送的含义 ②配送的功能 ③配送的基本作业	（1）方法：讲授法、演示法、案例教学法 （2）重点与难点：配送线路的确定——节约里程法	2
			2）配送中心 ①配送中心的概念 ②配送中心的职能 ③配送中心的类型		
			3）配送网络结构 ①集中型配送网络 ②分散型配送网络 ③多层次配送网络		

续表

模块	课程	学习单元	课程内容	培训建议	课堂学时
4. 物流管理	4-1 运输与配送运营	（2）配送及网络	4）配送模式与配送服务方式 ①配送模式 ②配送服务方式		
			5）配送线路的确定——节约里程法 ①节约里程法的核心思想 ②运用节约里程法需要满足的条件 ③计算方法		
			6）应用新知 ①绘制两点之间的最短距离表 ②填写节约里程表 ③节约里程数据排序 ④绘制配送路线		
	4-2 仓储运营	仓储运营	1）仓储作业流程 ①入库作业计划 ②保管作业计划 ③出库作业计划 ④仓储管理系统	（1）方法：讲授法、演示法、案例教学法 （2）重点与难点：仓储作业优化方法	4
			2）仓储作业优化 ①仓库选址 ②仓库布局 ③产品流动 ④货物周期盘点 ⑤存储作业自动化 ⑥员工操作规范制定		
			3）仓储作业优化方法 ① EIQ 分析 ② EIQ 图表的分析 ③ ABC 分类法		
			4）仓储管理的作用与价值		
			5）应用新知 ①情景分析 ②数据处理 ③优化过程		

续表

模块	课程	学习单元	课程内容	培训建议	课堂学时
4. 物流管理	4-3 逆向物流运营	(1) 物流成本分析	1) 物流成本的概念及内容	(1) 方法：讲授法、案例教学法 (2) 重点与难点：物流成本核算对象，作业成本法的步骤	2
			2) 物流成本分析 ①物流成本核算对象 ②作业成本法的步骤		
		(2) 逆向物流运作	1) 逆向物流的概念 ①逆向物流的含义 ②逆向物流的特征 ③企业逆向物流的形式及其来源	(1) 方法：讲授法、案例教学法 (2) 重点与难点：逆向物流的基本作业流程，逆向物流回收模式	2
			2) 逆向物流的基本作业流程 ①回收物品类型 ②回收物品检测与分类 ③回收物品仓储 ④回收物品再加工 ⑤回收物品再分销 ⑥回收物品废弃处理		
			3) 逆向物流回收模式 ①生产商自营回收模式 ②生产商外包回收模式 ③生产商联营回收模式		
			4) 逆向物流成本的构成 ①运输成本 ②仓储成本 ③回收成本 ④处理成本		
			5) 逆向物流绩效指标的构成 ①效用指标 ②运营指标 ③环保指标		
			6) 应用新知 ①国内电子产品回收现状 ②逆向物流方案		

续表

模块	课程	学习单元	课程内容	培训建议	课堂学时
4．物流管理	4-3 逆向物流运营	（3）运输、仓储和逆向物流绩效评价	1）运输配送作业绩效评价 ①判断一级指标相对重要性 ②求各项指标所占权重 ③进行模糊综合评价 ④绩效评价结果与分析 2）逆向物流评价方法——平衡计分卡 ①平衡计分卡的逆向物流绩效评估模式 ②运用因子分析法筛选关键绩效指标 ③关键绩效指标权重的确定 3）仓储作业评价方法——标杆管理法 ①标杆管理法的原理 ②标杆管理法的实施	（1）方法：讲授法、案例教学法 （2）重点与难点：平衡计分卡、标杆管理法	2
	4-4 物流外包监控	（1）物流绩效概述	1）物流绩效的基本概念 2）物流绩效评价的意义 3）物流绩效评价的复杂性 4）物流绩效评价原则 ①整体性原则 ②系统性原则 ③经济性原则 ④定性指标与定量指标相结合的原则 ⑤可操作性原则 5）物流绩效评价方法 ①数据包络分析法 ②关键绩效指标法 ③平衡计分卡法 ④模糊综合评价法	（1）方法：讲授法 （2）重点与难点：物流绩效评价原则、物流绩效评价方法	2

续表

模块	课程	学习单元	课程内容	培训建议	课堂学时
4．物流管理	4-4 物流外包监控	（2）物流外包管理	1）物流外包 ①物流外包划分 ②物流外包优缺点 2）物流外包的决策方法 ①物流业务分类 ②外包决策方法 ③外包指标研究 ④物流外包服务流程设计 ⑤外包指标数据获取方法 3）应用新知 ①建立外包决策模型 ②外包决策模型的运用过程	（1）方法：讲授法、案例教学法 （2）重点与难点：物流外包的决策方法	2
		（3）外包物流绩效评价	1）外包物流评价方法——关键绩效指标 ①关键绩效指标的内涵 ②关键绩效指标的制定原理 2）关键绩效指标的标准 ①按照关键绩效指标的层次划分 ②按照关键绩效指标的性质划分 3）应用新知 ①关键绩效指标的实施 ②关键绩效指标的计算 ③指标权重与员工职责	（1）方法：讲授法、案例教学法 （2）重点与难点：关键绩效指标的标准	2
课堂学时合计					66

2.2.3　二级／技师职业技能培训课程规范

模块	课程	学习单元	课程内容	培训建议	课堂学时
1．战略管理	1-1 供应链流程管理	（1）供应链战略实施	1）竞争战略实施环境分析 2）供应链战略选择 3）供应链战略匹配 4）供应链战略实施实例分析	（1）方法：讲授法、案例教学法、讨论法 （2）重点与难点：供应链战略匹配	1

续表

模块	课程	学习单元	课程内容	培训建议	课堂学时
1. 战略管理	1-1 供应链流程管理	（2）供应链管理目标	1）供应链管理目标的确定 2）供应链管理多重目标的协调 3）供应链目标与供应链成员目标的协同 ①供应链目标协同的概念 ②供应链目标协同的要求 ③如何协同供应链目标与供应链成员目标 4）供应链目标与供应链成员目标协同的层级 5）战略地图的制定	（1）方法：讲授法、案例教学法、讨论法 （2）重点与难点：供应链管理多重目标的协同、战略地图的制定	1
		（3）供应链资源配置	1）供应链资源的识别 ①企业资源 ②供应链资源 2）供应链资源配置工具与方法 ①供应链资源配置工具 ②供应链资源配置方法 3）供应链线上线下资源的整合 4）供应链资源配置实例分析	（1）方法：讲授法、案例教学法、讨论法 （2）重点与难点：供应链资源配置工具、供应链资源配置方法	1
	1-2 供应链规划与布局	（1）供应链网络设计与布局	1）供应链网络设计流程 2）供应链网络布局诊断与优化方法 3）供应链网络设计与优化实例分析	（1）方法：讲授法、案例教学法、讨论法 （2）重点与难点：供应链网络布局诊断与优化方法	1

续表

模块	课程	学习单元	课程内容	培训建议	课堂学时
1. 战略管理	1-2 供应链规划与布局	（2）生产与服务设施选址	1）生产与服务设施选址步骤 ①选择某一地区 ②在同一地区选择若干适当的地点 ③比较不同的地点并作出决策 2）生产与服务设施选址方法 ①德尔菲法 ②本量利分析法 ③因素赋值法 ④重心法 ⑤线性规划法 3）生产与服务设施选址实例分析	（1）方法：讲授法、案例教学法、讨论法 （2）重点与难点：生产与服务设施选址方法	1
	1-3 供应链风险评估	（1）供应链风险事件识别与评估	1）供应链风险的概念 2）供应链风险事件形成因素 ①外部环境因素 ②需求因素 ③供应因素 ④运作过程因素 ⑤制度控制因素 ⑥系统结构因素 3）供应链风险事件识别过程 ①准备资料 ②罗列风险事件 ③初步筛选 ④分门别类 4）供应链风险事件识别方法 ①德尔菲法 ②因果分析图法	（1）方法：讲授法、案例教学法、讨论法 （2）重点与难点：供应链风险事件识别方法、供应链风险事件评估方法	1

续表

模块	课程	学习单元	课程内容	培训建议	课堂学时
1. 战略管理	1-3 供应链风险评估	（1）供应链风险事件识别与评估	5）供应链风险事件评估的内容		
			6）供应链风险事件评估指标的选择 ①针对性 ②独立性 ③简易性 ④合理性		
			7）供应链风险事件评估方法 ①主要度量方法 ②风险指数法		
		（2）供应链风险控制	1）供应链风险控制策略 ①供应链风险分担与自担 ②风险转移与规避 ③风险缓解与监控	（1）方法：讲授法、案例教学法、讨论法 （2）重点与难点：供应链风险控制方法	1
			2）供应链风险控制措施 ①建立与完善企业内部控制制度 ②加强对物资采购招标与签约的监督 ③加强对供应链全流程、全方位的监督和预警 ④兼顾企业总成本		
			3）供应链风险控制方法 ①供应风险控制方法 ②采购风险控制方法 ③交付风险控制方法 ④成本风险控制方法 ⑤质量风险控制方法 ⑥合同管理风险控制方法 ⑦商务活动中的道德风险控制方法		

续表

模块	课程	学习单元	课程内容	培训建议	课堂学时
1. 战略管理	1-4 供应链绩效管理	供应链绩效评估与绩效改进	1）供应链绩效评估目标 ①了解最终客户的需求 ②了解供应链运作状态 ③了解合作伙伴的需求 ④调动各成员企业的能力 2）供应链绩效评估流程 ①供应链绩效评估的计划 ②供应链绩效评估的实施 ③供应链绩效评估的使用 3）供应链绩效评估的工具和方法 ① SCOR 模型简介 ② SCOR 模型评价指标 4）供应链绩效改进的方向选择 ①协同供应链 ②优化供应链流程 ③改进节点企业的绩效 5）供应链绩效改进的标杆管理 ①明确标杆的内容 ②选择标杆供应链 ③收集资料和数据 ④分析存在的差距 ⑤制定绩效的目标 ⑥综合与交流沟通 6）基于 RAPID3 的供应链绩效改进流程 ①响应绩效改进需求 ②分析组织业务 ③绩效差距分析 ④探寻影响因素及根源 ⑤选择绩效改进方案 ⑥设计和实施绩效改进方案 ⑦评判绩效改进的效果 7）供应链绩效改进实例分析	（1）方法：讲授法、案例教学法、讨论法 （2）重点与难点：供应链绩效评估的工具以及方法——SCOR 模型，基于 RAPID3 的供应链绩效改进流程	1

续表

模块	课程	学习单元	课程内容	培训建议	课堂学时
2. 计划管理	2-1 销售与运营计划（S&OP）实施	（1）销售与运营计划（S&OP）的组织和实施	1）销售与运营计划（S&OP）的流程 ①数据收集阶段 ②需求计划阶段 ③供应计划阶段 ④S&OP预备会议 ⑤S&OP主管会议 2）销售与运营计划（S&OP）的实施 ①构建基础 ②整合并理顺流程 ③获得竞争优势 3）销售与运营计划（S&OP）实施实例分析	（1）方法：讲授法、案例教学法、讨论法 （2）重点与难点：销售与运营计划（S&OP）的流程	2
		（2）销售与运营计划（S&OP）数据采集与处理	1）销售与运营计划（S&OP）数据采集 ①S&OP的输入 ②S&OP数据采集的来源 ③S&OP数据采集需要完成的工作 2）销售与运营计划（S&OP）数据处理方法 ①数据清洗 ②数据转换 ③数据提取 ④数据分组 3）销售与运营计划（S&OP）数据采集与处理实例分析	（1）方法：讲授法、案例教学法、讨论法 （2）重点与难点：销售与运营计划（S&OP）数据处理方法	2
	2-2 客户需求管理	（1）客户需求预测	1）需求预测流程 ①确定需求预测的目标 ②收集并处理各项数据资料 ③选择合适的预测方法 ④建立预测模型并进行预测 ⑤检查分析预测结果并调整预测 ⑥提交预测报告 ⑦跟踪需求的实际走向，及时纠偏并修正预测 2）需求预测方法选择 3）需求预测实例分析	（1）方法：讲授法、案例教学法、讨论法 （2）重点与难点：需求预测方法选择	1

续表

模块	课程	学习单元	课程内容	培训建议	课堂学时
2. 计划管理	2-2 客户需求管理	（2）客户需求分析报告编写	1）客户需求分析的步骤 ①需求采集 ②需求分析 ③需求评估 ④需求筛选 2）客户需求分析的方法 ①需求采集的方法 ②需求分析的方法 3）客户需求分析报告内容 ①需求分析的背景及目的 ②需求分析的过程 ③需求分析的结论 4）客户需求分析报告编写实例	（1）方法：讲授法、案例教学法、讨论法 （2）重点与难点：客户需求分析的方法	1
		（3）客户需求计划编制	1）客户需求计划的编制流程 2）客户需求计划的影响因素 3）客户需求计划的沟通流程 4）客户需求计划的工作内容	（1）方法：讲授法、案例教学法、讨论法 （2）重点与难点：客户需求计划的影响因素	1
	2-3 库存计划管理	（1）供应链库存管理方法	1）供应商管理库存的原则 ①合作原则 ②双方成本最小原则 ③目标一致性原则 ④持续改进原则 2）联合库存管理的概念和实施方案 ①建立供需协调的管理机制 ②建立信息共享与沟通系统 ③经销商之间应互相信任 3）协同式供应链库存管理 4）供应链库存管理方案设计实例分析	（1）方法：讲授法、案例教学法、讨论法 （2）重点与难点：供应商管理库存的原则	1

续表

模块	课程	学习单元	课程内容	培训建议	课堂学时
2. 计划管理	2-3 库存计划管理	（2）库存计划制订	1）分析供应链中的不确定性 2）确定最优服务水平 3）安全库存的计算 4）订货点的计算 5）订货量的计算 6）最高、最低库存水平的计算	（1）方法：讲授法、案例教学法、讨论法 （2）重点与难点：安全库存的计算	2
		（3）库存控制策略	1）库存控制的目标及内容 ①库存控制的目标 ②库存控制的内容 2）需求稳定情况下的库存控制策略 ① ABC 分类法 ②不定期定量订货法 ③定期订货法 3）需求不确定情况下的库存控制策略 ①（t, S）策略 ②（Q, R）策略 ③（R, S）策略 ④（t, R, S）策略	（1）方法：讲授法、案例教学法、讨论法 （2）重点与难点：需求不确定情况下的库存控制策略	2
3. 采购管理	3-1 供应商评估与选择	（1）供应商评估	1）供应商评估的内涵 2）供应商资格预审 3）供应商评估步骤 4）供应商评估标准 5）供应商评估指标体系	（1）方法：讲授法、案例教学法、讨论法 （2）重点与难点：供应商评估指标体系	2

续表

模块	课程	学习单元	课程内容	培训建议	课堂学时
3．采购管理	3-1 供应商评估与选择	（2）供应商选择	1）供应商选择方法比较 2）供应商选择的工具 ①供应商调查问卷 ②计分卡 3）供应商实地考察策略 ①选择和组建实地考察团队 ②实地考察之前与供应商的交流 ③进行实地考察	（1）方法：讲授法、案例教学法、讨论法 （2）重点与难点：供应商选择的工具	1
		（3）供应商合同管理	1）供应商合同订立管理 ①合同审核 ②合同签订 2）供应商合同履行管理 ①合同交底 ②供应商合同履行管理措施 ③合同实施控制 ④合同变更管理 ⑤合同争议处理 3）供应商合同解除 4）供应商合同终止	（1）方法：讲授法、案例教学法、讨论法 （2）重点与难点：供应商合同履行管理	2
	3-2 供应商开发	（1）供应商开发流程制定	1）供应商开发的概念与目标 2）供应商开发的目的 3）供应商开发流程 ①确认绩效差距 ②评估供应商改进准备情况 ③获得供应商承诺和支持 ④制订改进计划 ⑤实施改进计划 ⑥赋予供应商职责 4）供应商开发方法 ①指向性方法 ②协助性方法 ③弥补绩效或关系差距的方法 ④直接参与法	（1）方法：讲授法、案例教学法、讨论法 （2）重点与难点：供应商开发流程	1

续表

模块	课程	学习单元	课程内容	培训建议	课堂学时
3．采购管理	3-2 供应商开发	(2) 供应商关系管理	1）供应商认证流程 ①获得管理层的支持 ②选择项目团队 ③建立认证目标 ④建立认证流程 ⑤开发绩效指标 ⑥持续改进/纠正措施 ⑦推出 2）供应商层级划分 ①按照采购需求划分供应商层级 ②按照关系类型划分供应商层级 ③按照绩效评价划分供应商层级 3）供应商关系管理方法 ①将供应基础缩小到可管理的水平 ②对供应商建立高标准的绩效目标 ③将商业道德作为供应商评级的一项重要内容 ④对表现优异的供应商进行奖励 ⑤实行供应商认证制度 ⑥给供应商分享资源以提高供应商能力 ⑦重要、关键供应商早期参与企业的产品设计 ⑧数字化时代的供应商关系管理系统 4）供应商关系终止	（1）方法：讲授法、案例教学法、讨论法 （2）重点与难点：供应商认证流程、供应商层级划分	2

续表

模块	课程	学习单元	课程内容	培训建议	课堂学时
3．采购管理	3-3 采购合规管理	（1）供应商行为准则制定	1）企业社会责任审核内容 ①劳工权益 ②健康与安全 ③环境保护 ④商业道德 ⑤管理体系 2）基于CSR的供应商行为准则制定 ①业务行为 ②供应基地的多元化与包容性 ③全球公民 ④健康安全 ⑤可持续性与环境	（1）方法：讲授法、案例教学法、讨论法 （2）重点与难点：基于CSR的供应商行为准则制定	1
		（2）供应商合规性评价	1）供应商合规性评价方案内容 2）供应商合规性评价常用方法 ①供应商自我声明 ②借助公开网站查询 ③委托第三方 ④现场审核 3）采购专项审计 ①抽取重点供应商 ②审查重点供应商 ③锁定问题供应商	（1）方法：讲授法、案例教学法、讨论法 （2）重点与难点：供应商合规性评价方案内容	1
4．生产管理	4-1 产能规划与调控	（1）产能计算与规划	1）生产能力的概念 2）能力需求的估算 3）单一品种生产能力的计算 4）多品种生产能力的计算 5）产能规划流程 6）产能规划方法——决策树法 7）产能规划决策方式的选择 8）产能平衡分析 9）产能预警	（1）方法：讲授法、案例教学法、讨论法 （2）重点与难点：多品种生产能力的计算、产能平衡分析	2

续表

模块	课程	学习单元	课程内容	培训建议	课堂学时
4. 生产管理	4-1 产能规划与调控	（2）产能调控	1）产能调控策略 ①追赶策略——将产能作为杠杆 ②时间柔性策略——将利用率作为杠杆 ③均衡策略——将库存作为杠杆 ④外包策略——满足最小的需求预测量 ⑤混合策略 2）基于运作成本的产能调控方案设计	（1）方法：讲授法、案例教学法、讨论法 （2）重点与难点：基于运作成本的产能调控方案设计	1
	4-2 产品与服务生产流程管理	（1）产品与服务生产流程设计	1）影响生产流程设计的主要因素 ①产品/服务需求特征 ②自制-外购决策 ③生产柔性 ④产品和服务质量水平 ⑤顾客参与程度 2）需求特征与生产流程选择的匹配 3）产品、产量与生产流程选择的匹配 4）费用与生产流程选择的匹配 5）生产流程的空间组织（布局研究）方法 ①作业相关图法 ②从至表法 ③SLP法 6）生产流程的时间组织方法 ①生产线平衡 ②多种移动方式下的时间组织	（1）方法：讲授法、案例教学法、讨论法 （2）重点与难点：生产流程的空间组织方法、生产流程的时间组织方法	2

续表

模块	课程	学习单元	课程内容	培训建议	课堂学时
4. 生产管理	4-2 产品与服务生产流程管理	（2）产品与服务生产流程优化	1）生产流程优化方法 ①价值流分析法 ②标杆瞄准法 ③DMAIC 模型法 ④ECRS 分析法 ⑤SDCA 和 PDCA 循环法 ⑥约束理论 2）生产流程优化设计流程 ①生产流程优化设计步骤 ②生产流程优化设计实例分析	（1）方法：讲授法、案例教学法、讨论法 （2）重点与难点：生产流程优化方法	2
	4-3 物料管理	（1）物料计划管理	1）主生产计划与其他活动的关系 2）主生产计划 ①主生产计划的制订流程 ②主生产计划的处理逻辑过程 ③主生产计划的能力平衡分析 ④主生产计划的修改策略 3）物料需求计划 ①物料需求计划的基本逻辑 ②物料需求计划的编制与计算	（1）方法：讲授法、案例教学法、讨论法 （2）重点与难点：主生产计划的处理逻辑过程，物料需求计划的编制与计算	2
		（2）物料库存管理	1）物料库存管理流程 ①库存物料分类 ②需求预测 ③量化需求的不确定性 ④确定服务水平 ⑤计算安全库存 ⑥确定再订货点和订货量 2）物料库存控制策略 ①(R,Q) 库存控制策略 ②(t,S,s) 库存控制策略 3）物料库存控制策略实例分析	（1）方法：讲授法、案例教学法、讨论法 （2）重点与难点：物料库存控制策略	1

续表

模块	课程	学习单元	课程内容	培训建议	课堂学时
5. 物流管理	5-1 运输与配送管理	（1）运输与配送运营方案	1）运输方案设计原则 ①合理运输 ②先急后缓，保证重点 ③均衡运输 2）运输方案设计步骤 3）运输方式选择 4）配送计划制订 5）配货作业与车辆配装 6）配送路线优化 7）多级配送方案	（1）方法：讲授法、案例教学法、讨论法 （2）重点与难点：运输方式选择，配送路线优化，多级配送方案	2
		（2）运输与配送业务绩效考核方案	1）绩效考核流程 ①绩效考核原则 ②绩效考核标准 ③绩效考核步骤 ④绩效考核方案 2）运输业务绩效考核指标 3）配送业务绩效考核指标 4）运输业务绩效考核方法 5）配送业务绩效考核方法	（1）方法：讲授法、案例教学法、讨论法 （2）重点与难点：运输业务绩效考核指标，配送业务绩效考核指标	2
	5-2 仓储管理	（1）仓储运营方案	1）仓储运营目标 2）仓储运营类型 ①保管仓库 ②混藏仓储 ③消费仓储 ④仓库租赁 3）仓储运营内容 ①仓储设施产权 ②仓储设施数量 ③仓储设施规模 ④仓储设施选址 ⑤仓储设施布局 ⑥存货内容 4）仓储运营方案设计 ①面向仓储现场管理的设计方法 ②面向仓储运营能力的设计方法	（1）方法：讲授法、案例教学法、讨论法 （2）重点与难点：仓储运营内容，仓储运营方案设计	2

续表

模块	课程	学习单元	课程内容	培训建议	课堂学时
5. 物流管理	5-2 仓储管理	(2) 仓储业务绩效考核方案	1) 仓储业务绩效考核指标 ①仓储经济性考核指标 ②仓储能力考核指标 ③仓储作业流程考核指标 ④仓储运营团队合理性考核指标 ⑤仓储绿色环保考核指标	(1) 方法：讲授法、案例教学法、讨论法 (2) 重点与难点：仓储业务绩效考核指标	1
			2) 仓储业务绩效考核方法		
	5-3 逆向物流管理	(1) 逆向物流运营方案	1) 逆向物流的特点（分散性、缓慢性、混杂性、多变性）	(1) 方法：讲授法、案例教学法、讨论法 (2) 重点与难点：逆向物流运营方案设计	1
			2) 逆向物流运营方案设计 ①按逆向物流渠道设计运营方案 ②按逆向物流目标设计运营方案		
			3) 逆向物流运营方案的选择原则		
		(2) 逆向物流业务绩效考核方案	1) 逆向物流业务绩效考核指标 ①逆向物流财务绩效考核指标 ②逆向物流回收能力绩效考核指标 ③逆向物流客户评价绩效考核指标 ④逆向物流学习与创新绩效考核指标	(1) 方法：讲授法、案例教学法、讨论法 (2) 重点与难点：逆向物流业务绩效考核指标	1
			2) 逆向物流业务绩效考核方法		

续表

模块	课程	学习单元	课程内容	培训建议	课堂学时
5. 物流管理	5-4 物流业务外包策略实施	（1）物流业务外包服务体系	1）物流业务外包决策流程 2）物流业务外包决策方法 3）建立物流业务外包风险预警评价指标体系 4）评估物流业务外包风险水平 5）物流业务外包风险防范措施	（1）方法：讲授法、案例教学法、讨论法 （2）重点与难点：物流业务外包决策方法	2
		（2）物流供应商管理	1）物流供应商选择与评价 ①选择物流供应商的评价指标体系 ②选择物流供应商的方法 2）物流供应商关系管理 ①物流供应商准入标准 ②帮助物流供应商提升管理水平 ③对物流供应商实施分级管理 ④对物流供应商进行监督和激励 3）物流供应商绩效考核方案制定 ①划分考核时间，确定考核目标 ②确定绩效评价指标 ③建立评估标准，进行绩效指标的评分 ④采用合适的评价方法分析和计算绩效结果 ⑤绩效考核结果分析与应用	（1）方法：讲授法、案例教学法、讨论法 （2）重点与难点：物流供应商绩效考核方案制定	1

续表

模块	课程	学习单元	课程内容	培训建议	课堂学时
6．创新管理	6-1 供应链创新服务	（1）供应链创新方案制定	1）供应链创新的外部环境分析 2）供应链创新的内部环境分析 3）供应链创新的类型 4）供应链创新的流程 5）供应链创新的方法 6）供应链创新方案实例分析	（1）方法：讲授法、案例教学法、讨论法 （2）重点与难点：供应链创新的方法	2
		（2）供应链创新服务项目报告撰写	1）供应链创新的主要任务及目的 2）供应链创新服务需求分析 3）供应链创新服务的路径模式 4）供应链创新服务项目内容 5）供应链创新服务项目实施计划 6）供应链创新服务项目经济测算 7）供应链创新服务项目报告编写实例分析	（1）方法：讲授法、案例教学法、讨论法 （2）重点与难点：供应链创新服务需求分析，供应链创新服务项目经济测算	2
	6-2 供应链金融业务管理	（1）供应链金融业务需求分析	1）供应链金融业务需求分析方法 ①基于行业视角的供应链金融需求分析 ②基于结构视角的供应链金融需求分析 ③基于生命周期视角的供应链金融需求分析	（1）方法：讲授法、案例教学法、讨论法 （2）重点与难点：供应链金融业务的用户需求分析	1

续表

模块	课程	学习单元	课程内容	培训建议	课堂学时
6.创新管理	6-2 供应链金融业务管理	（1）供应链金融业务需求分析	2）供应链金融业务的用户需求分析 ①供应链核心企业 ②供应链上下游中小企业 ③商业银行 ④供应链中其他第三方机构		
			3）供应链金融业务需求分析实例		
		（2）供应链金融业务优化方案制定	1）供应链金融业务优化方案的设计目的	（1）方法：讲授法、案例教学法、讨论法 （2）重点与难点：供应链全流程金融服务优化方案设计，供应链金融业务风险控制优化方案设计	1
			2）供应链金融业务优化方案的设计原则		
			3）供应链全流程金融服务优化方案设计		
			4）供应链金融业务风险控制优化方案设计		
			5）供应链内部流程敏捷优化方案设计		
			6）供应链金融业务优化实例分析		
	6-3 供应链数字化运营	（1）供应链数字化运营实施方案	1）供应链数字化运营方案设计要求 ①设计目标 ②设计原则 ③设计思路	（1）方法：讲授法、案例教学法、讨论法 （2）重点与难点：供应链数字化运营方案编制内容，供应链数字化运营方案实施路径	1
			2）供应链数字化运营方案编制内容 ①战略层面的运营方案 ②执行层面的运营方案		
			3）供应链数字化运营方案实施路径 ①互联网技术的引进 ②内部系统架构的优化 ③数字化企业运营信息共享平台的打造		

续表

模块	课程	学习单元	课程内容	培训建议	课堂学时
6. 创新管理	6-3 供应链数字化运营	(2) 供应链大数据、区块链等新技术应用方案	1) 大数据技术的应用方案 ①大数据下的供应链运作流程 ②大数据技术在供应链不同环节中的应用方案 ③大数据技术应用方案的制定方法 2) 区块链技术的应用方案 ①区块链技术在供应链中的应用方法 ②区块链应用方案设计步骤 ③区块链技术在供应链中的具体应用方案	(1) 方法：讲授法、案例教学法、讨论法 (2) 重点与难点：大数据技术在供应链不同环节中的应用方案，区块链应用方案设计步骤	1
7. 培训指导	7-1 业务培训	(1) 培训计划内容及制订流程	1) 培训计划的概念 2) 供应链管理师培训计划特点 3) 培训计划的内容 ①培训需求分析 ②培训目的 ③培训对象 ④培训内容 ⑤培训师资 ⑥培训方式 ⑦培训时间、地点 ⑧培训费用 ⑨考核结业 4) 培训计划制订流程 ①分析培训需求 ②明确培训目的 ③确定培训方案 ④制订培训计划 ⑤沟通并确认培训计划	(1) 方法：项目教学法 (2) 重点与难点：培训需求分析，制订培训计划	2
		(2) 培训资源的开发、组织与实施	1) 培训课程资源开发方法 ①自主开发 ②合作开发 ③购买培训资源包 2) 培训组织与实施方法 ①线下 ②线上 ③线上线下混合式	(1) 方法：项目教学法 (2) 重点与难点：培训组织与实施方法	1

续表

模块	课程	学习单元	课程内容	培训建议	课堂学时
7．培训指导	7-2 业务指导	作业指导书内容及编写方法	1）作业指导书的概念 2）作业指导书的特点 3）作业指导书的内容 ①岗位描述 ②目标要求 ③岗位职责 ④岗位流程 ⑤工作内容 ⑥管理制度 ⑦应急预案 ⑧法律法规 4）作业指导书编写流程 ①岗位信息采集 ②作业指导书编写 ③反馈修订 5）作业指导书编写方法	（1）方法：项目教学法 （2）重点与难点：作业指导书的内容	1
课堂学时合计					64

2.2.4 一级／高级技师职业技能培训课程规范

模块	课程	学习单元	课程内容	培训建议	课堂学时
1．战略管理	1-1 供应链战略制定	（1）供应链战略制定方法	1）认识供应链战略环境 2）供应链战略环境分析的信息来源 ①战略环境分析的信息类型 ②战略环境分析的信息来源 ③信息获取途径 3）供应链战略环境分析的工具 ①宏观形势分析 PESTLE 模型 ②产业／行业发展态势分析 ③企业竞争能力分析	（1）方法：讲授法、案例教学法 （2）重点与难点：供应链战略环境分析的工具	2

续表

模块	课程	学习单元	课程内容	培训建议	课堂学时
1.战略管理	1-1 供应链战略制定	(1) 供应链战略制定方法	4）制作供应链环境分析报告 5）供应链战略的目标 6）供应链战略目标分解 7）供应链战略的内容 ①供应链组织交互过程 ②供应链推拉战略 ③精益性/敏捷性供应链战略		
		(2) 供应链方案设计	1）供应链网络结构 ①资源垄断型供应链 ②技术垄断型供应链 ③生产主导型供应链 ④市场主导型供应链 ⑤平台主导型供应链 2）供应链企业类型 ①供应链综合物流企业 ②供应链贸易企业 ③供应链咨询企业 3）供应链方案设计架构 ①战略顶层设计 ②核心能力分析 ③集成方案设计 ④战略支撑设计 4）供应链服务模式 ①供应链服务的提供方 ②供应链即服务（SCaaS） ③供应链即服务的优势	（1）方法：讲授法、案例教学法 （2）重点与难点：供应链网络结构	1

续表

模块	课程	学习单元	课程内容	培训建议	课堂学时
1. 战略管理	1-2 供应链风险管理	（1）供应链风险评估体系构建	1）供应链风险的定义 2）供应链风险的识别 3）供应链风险分析 ①风险类别 ②风险描述 ③风险编号 ④风险影响 ⑤风险可能性 ⑥风险损失 ⑦风险等级 ⑧风险触发因素 ⑨预防计划 ⑩应急计划 ⑪风险所有者 ⑫剩余风险 4）供应链风险评估	（1）方法：讲授法、案例教学法 （2）重点与难点：供应链风险的识别	1
		（2）供应链风险管理策略	1）供应链风险管理框架 ①风险接受 ②风险规避 ③风险转移 ④风险降低 2）供应链风险管理工具 ①风险登记表 ②风险概率矩阵 ③风险分解结构 3）供应链风险管理策略 ①已知风险 ②未知风险	（1）方法：讲授法、案例教学法 （2）重点与难点：供应链风险管理工具	1
	1-3 供应链绩效管理体系制定	（1）供应链绩效指标	1）供应链绩效管理指标构成 ①基于客户服务的指标 ②基于财务分析的指标 2）供应链绩效管理体系 ①关键绩效指标体系 ②平衡计分卡体系	（1）方法：讲授法、案例教学法 （2）重点与难点：供应链绩效管理指标体系的构成	1

续表

模块	课程	学习单元	课程内容	培训建议	课堂学时
1. 战略管理	1-3 供应链绩效管理体系制定		1）供应链绩效管理标准 ①供应链KPI定义的结构 ②订单延迟率	（1）方法：讲授法、案例教学法 （2）重点与难点：供应链绩效管理制度制定方案	1
		（2）供应链绩效管理制度	2）供应链绩效管理制度制定方案 ①供应链绩效管理体系构成 ②供应链绩效体系制定流程 ③绩效管理制度的设计原则		
			3）供应链绩效指标设计的基本原则 ①指标体系的平衡 ②客户导向的考核方案 ③全局性思维		
	1-4 供应链质量管理体系制定	（1）供应链质量体系构成	1）质量管理与质量体系	（1）方法：讲授法、案例教学法 （2）重点与难点：供应链质量的构成	1
			2）供应链质量的定义		
			3）供应链质量管理的挑战		
			4）供应链质量的构成 ①供应链质量的描述 ②供应链质量管理的特征 ③供应链质量管理策略		
		（2）供应链质量评估与管理体系	1）供应链质量评估与管理工具 ①检查表 ②排列图法 ③因果图法 ④分层法 ⑤直方图法 ⑥控制图法 ⑦散布图法	（1）方法：讲授法、案例教学法 （2）重点与难点：供应链质量评估与管理工具	1
			2）供应链质量管理途径 ①领导力 ②战略规划 ③人力资源管理 ④供应商质量管理 ⑤客户关注 ⑥流程管理		
			3）供应链质量改进的8D流程工具		
			4）供应链质量管理案例		

续表

模块	课程	学习单元	课程内容	培训建议	课堂学时
2. 计划管理	2-1 供应链协同计划制订	（1）制定供应链协同策略	1）供应链上的谷仓效应 2）供应链上的牛鞭效应 3）供应链协同思想 4）供应链协同管理策略 ①以核心能力为基础的协同 ②建立符合双赢的利益分享模式 ③根据能力、战略目标和价值潜力选择合作伙伴 ④双方有效的专用性资源投入 ⑤建立稳健、联合绩效管理制度 ⑥长期合作 5）供应链协同案例	（1）方法：讲授法、案例教学法 （2）重点与难点：供应链协同管理策略	1
		（2）供应链产销协同方案设计	1）供应链产销协同出现的原因 ①需求和销售信息缺乏 ②供应和产能信息缺乏 ③新品开发缺少生产支持 ④年度财务目标是否完成 ⑤库存水平控制 ⑥管理层缺少决策信息支持 ⑦跨部门之间缺少有效的沟通 2）供应链产销协同的定义 3）产销协同的作用 ①更好的部门间沟通 ②改进预测准确性 ③提高订单完成率 ④提高计划产出率 ⑤减少库存 ⑥提高企业的敏捷性 4）产销协同的成功要素 ①例行 S&OP 会议的开展 ②数据可视化分析 ③端到端的需求协作、集成与同步 5）供应链产销协同案例	（1）方法：讲授法、案例教学法 （2）重点与难点：供应链产销协同的成功要素	1

续表

模块	课程	学习单元	课程内容	培训建议	课堂学时
2. 计划管理	2-2 销售与运营计划（S&OP）流程管理	（1）S&OP流程设计	1）S&OP流程 ①运行销售预测报告 ②需求计划阶段 ③供应（能力）计划阶段 ④S&OP预备会议 ⑤S&OP主管会议 2）流程设计成功因素 ①例行的持续S&OP会议 ②安排有序的会议议程 ③开展前期筹备工作以支持会议信息输入 ④跨职能参与 ⑤参与会议者有权做出决定 ⑥一个公正、负责任的组织运行程序 ⑦内部协作过程导致共识和问责制 ⑧无偏基线预测以启动该过程 ⑨制订联合供需计划以确保平衡 ⑩衡量过程 ⑪借助综合供需计划技术 ⑫流程的外部投入 3）S&OP流程设计案例	（1）方法：讲授法、案例教学法 （2）重点与难点：S&OP流程	1
		（2）S&OP实施绩效评估	1）S&OP实施绩效指标 ①选用财务指标的价值 ②客户指标衡量S&OP的达成率 ③内部效率指标衡量部门配合度 2）S&OP运作成熟度评估 3）从S&OP到IBP的转变 ①从业务支持转向价值创造 ②从以企业为中心到消费者驱动的需求链模式 ③敏捷化和精益化不再是冲突的供应链运营状态	（1）方法：讲授法、案例教学法 （2）重点与难点：从S&OP到IBP的转变	1

续表

模块	课程	学习单元	课程内容	培训建议	课堂学时
2．计划管理	2-3 战略库存管理	（1）供应链战略库存策略制定	1）供应链延迟战略 ①生产延迟战略 ②物流延迟策略 2）供应商管理库存 ①供应商管理库存的定义 ②库存补货模式 3）联合库存管理（JMI） ① JMI 的优点 ②实施 JMI 的要点 4）协同计划、预测与补货 ① CPFR 的概念 ② CPFR 的特点 ③ CPFR 框架模型	（1）方法：讲授法、案例教学法 （2）重点与难点：供应商管理库存，联合库存管理	1
		（2）供应链战略库存实施方案设计	1）供应链战略库存实施阶段 ①削减供应链重复性库存 ②库存管理活动专业化 ③以信息代替库存的零库存 JIT 模式 ④以共享信息为基础的供应链透明化 2）供应链战略库存实施展望	（1）方法：讲授法、案例教学法 （2）重点与难点：供应链战略库存实施阶段	1
3．采购管理	3-1 采购管理体系制定	（1）制定企业采购管理制度	1）确定企业采购的目标与战略 ①采购品项的类型 ②采购目标与企业战略目标的相容性 2）采购管理体系的内容 ①战略供应商 ②瓶颈供应商 ③杠杆供应商 ④常规供应商 3）采购管理案例	（1）方法：讲授法、案例教学法 （2）重点与难点：采购管理体系的内容	1

续表

模块	课程	学习单元	课程内容	培训建议	课堂学时
3. 采购管理	3-1 采购管理体系制定	（2）制定企业采购管理流程	1）企业采购管理制度 ①文本显性化 ②操作可行性 ③制度严肃性 ④功能协调性 ⑤相对稳定性 2）采购管理流程 ①需求识别 ②请购 ③请购审核 ④招投标过程 ⑤评标和签约 ⑥订单管理 ⑦发票审核与纠纷处理 ⑧保存采购记录	（1）方法：讲授法、案例教学法 （2）重点与难点：采购管理流程	1
	3-2 战略寻源策略制定	（1）制定战略寻源的流程	1）供应链战略寻源的价值 ①增强供应链柔性 ②获得更好的透明度 ③提升合作效率 ④形成共同使命与价值观 ⑤产生更大的价值增值 2）供应链战略寻源的流程 ①评估公司当前的支出 ②评估供应市场 ③制定采购策略 ④开始采购流程 ⑤与供应商谈判 ⑥沟通与实施 ⑦基准化	（1）方法：讲授法、案例教学法 （2）重点与难点：供应链战略寻源的流程	1

续表

模块	课程	学习单元	课程内容	培训建议	课堂学时
3.采购管理	3-2 战略寻源策略制定	（2）设计战略寻源框架	1）战略寻源框架 2）战略寻源的实施 3）战略寻源案例	（1）方法：讲授法、案例教学法 （2）重点与难点：战略寻源的实施	1
	3-3 采购合规体系制定	（1）制定采购合规管理体系	1）合规管理体系 ①合规风险的识别、分析与评价 ②合规的领导与方针 ③合规组织与管理 2）采购合规体系 ①预算 ②请购 ③询价 ④比价 ⑤订单或合同 ⑥采购验收 ⑦入库 ⑧发票 ⑨付款 3）制定合规体系案例	（1）方法：讲授法、案例教学法 （2）重点与难点：采购合规体系	1
		（2）制定采购合规评价体系	1）采购合规体系的绩效评价 ①合规管理的监视 ②合规绩效信息的来源 ③合规信息收集方法 ④合规信息的分类 ⑤组织合规指标制定 ⑥合规报告制度 ⑦合规报告的内容与记录 ⑧合规的评审与改进 2）企业采购合规评价案例	（1）方法：讲授法、案例教学法 （2）重点与难点：采购合规体系的绩效评价	1

续表

模块	课程	学习单元	课程内容	培训建议	课堂学时
4．生产管理	4-1 生产策略制定	（1）制定生产模式策略	1）产品生产特征 ①离散型生产 ②连续型生产 ③项目型生产 2）企业生产战略 ①追逐战略 ②均衡战略 ③分包战略 ④混合战略 3）生产模式 ①供应链的推拉策略 ②在推拉策略驱动下的生产类型	（1）方法：讲授法、案例教学法 （2）重点与难点：不同生产模式的策略异同	1
		（2）设计生产计划优化方案	1）生产计划排程 ①生产计划的目标 ②生产计划排程遵循的原则 ③排程的区间规则 ④计划排程的规则 2）排程优化方法 ①改进预测 ②建立生产计划排程的流程映射 ③利用数字孪生技术 ④整合供应链 ⑤增强透明度 3）应用规划求解工具优化生产计划	（1）方法：讲授法、案例教学法 （2）重点与难点：排程优化方法	1
	4-2 物料管理策略制定	（1）制定物料控制模式	1）物料管理的目标 2）生产物料管理的原则 3）物料控制的主要任务	（1）方法：讲授法、案例教学法 （2）重点与难点：生产物料管理的原则	1

续表

模块	课程	学习单元	课程内容	培训建议	课堂学时
4. 生产管理	4-2 物料管理策略制定	（2）制定联合库存管理策略	1）信任问题 2）信息透明度 3）存货所有权确认 4）资金支付问题	（1）方法：讲授法、案例教学法 （2）重点与难点：联合库存管理策略的实施要点	1
		（3）制定安全库存策略	1）保有安全库存的必要性 2）安全库存的决定因素 3）安全库存的制定方法 ①安全库存的计算公式 ②安全库存的计算原理 ③使用Excel计算安全库存	（1）方法：讲授法、案例教学法 （2）重点与难点：安全库存的制定方法	1
	4-3 产品与服务开发协同	（1）产品与服务开发策略	1）产品与服务开发的核心思想 ①新产品开发是一项投资决策 ②基于市场的开发 ③跨企业、跨部门、跨系统的协同团队 ④并行工程思想 ⑤可复用性 ⑥优化结构化流程 2）产品及服务开发的流程 ①产品创意 ②创意概念的批准 ③开发产品或服务 ④产品或服务测试 ⑤产品或服务上线 3）产品与服务开发策略 ①构建跨部门协作团队 ②使用结构化流程 ③创建并行工程 ④创造可复用模块 4）供应商早期参与	（1）方法：讲授法、案例教学法 （2）重点与难点：产品与服务开发策略	1

续表

模块	课程	学习单元	课程内容	培训建议	课堂学时
4. 生产管理	4-3 产品与服务开发协同	（2）产品与服务开发优化项目方案设计	1）产品开发流程的优化 ①收集与分析数据，明确产品及服务优化目标 ②进行产品/服务核心功能评估 ③进行产品生命周期评估 ④产品/服务优化的方向 2）新产品开发优化的具体实施	（1）方法：讲授法、案例教学法 （2）重点与难点：产品开发流程的优化	1
5. 物流管理	5-1 物流运营策略制定	（1）制定物流运营策略	1）物流运营的范畴 ①物流组织结构的设计 ②物流组织规章制度的建立 ③物流组织人力资源配备 2）物流运营策略 ①仓储运营策略 ②运输与配送运营策略	（1）方法：讲授法、案例教学法 （2）重点与难点：物流运营策略	1
		（2）制定物流考核评价体系	1）物流服务通用考核指标 ①订单按时完成率 ②订单满足率 ③订单处理正确率 ④货损率 ⑤货差率 ⑥账货相符率 ⑦有效投诉率 2）仓储考核指标体系 ①收/发货及时（准确）率 ②货物破损率 ③账物相符率 ④库存周转率 ⑤长库龄物料占比 ⑥库位利用率 ⑦平均SKU占用库位数 ⑧库位周转率 ⑨库存准确率 3）运输与配送考核指标体系	（1）方法：讲授法、案例教学法 （2）重点与难点：物流服务通用考核指标	1

续表

模块	课程	学习单元	课程内容	培训建议	课堂学时
5. 物流管理	5-2 逆向物流体系设计	（1）设计逆向物流网络体系	1）逆向物流生态系统 ①退货——初始化逆向物流流程 ②返回——处置 ③维修/翻新 ④重新包装 ⑤转售 ⑥重复使用 ⑦再循环 2）逆向物流网络结构 ①可直接再利用的逆向物流网络 ②再制造加工逆向物流网络 ③再循环逆向物流网络 ④商业退货逆向物流网络 3）逆向物流网络规划 ①逆向物流设施功能设计 ②逆向物流设施布局 ③设施规模确定 ④市场和供给配置 4）逆向物流网络设计 ①确定网络渠道的结构 ②网络结构的效率分析及绩效评价	（1）方法：讲授法、案例教学法 （2）重点与难点：逆向物流网络规划与设计	1
		（2）制定逆向物流管理策略	1）从减量化到再生的逆向物流实施步骤 ①减量化 ②可修复 ③可复用 ④翻新 ⑤可循环再生 2）逆向物流管理与评价方法 ①质量成本 ② ABC 成本法 ③平衡计分卡 3）逆向物流管理策略案例	（1）方法：讲授法、案例教学法 （2）重点与难点：从减量化到再生的逆向物流实施步骤	1

续表

模块	课程	学习单元	课程内容	培训建议	课堂学时
5. 物流管理	5-3 物流外包战略制定	（1）选择物流运营模式	1）自营物流 ①自营物流的优势 ②自营物流的劣势 2）外包物流 ①外包物流的优势 ②外包物流的劣势 3）混合模式 4）物流外包的阶段 ①第三方物流 ②第四方物流 ③第五方物流	（1）方法：讲授法、案例教学法 （2）重点与难点：自营模式、外包模式	1
		（2）制定物流供应商选择策略	1）供应商的选择与评价指标 ①质量管理系统 ②准时交货 ③订单履行准确率 ④损失和破损频率 ⑤供应商声誉 ⑥地理位置 ⑦所拥有资产 ⑧业务范围 ⑨从业经验 ⑩服务价格 ⑪损失和破损成本 ⑫财政的稳定性 ⑬付款周期 ⑭支付的灵活性 ⑮订单响应时间 2）物流供应商选择的步骤 ①分析市场竞争环境 ②建立供应商选择目标 ③建立供应商评价标准 ④建立评价小组 ⑤供应商参与 ⑥评价供应商 ⑦实施合作关系 3）物流供应商选择的方法 ①直观判断法 ②考核选择法 ③招标选择法 ④协商选择法 ⑤成本比较法	（1）方法：讲授法、案例教学法 （2）重点与难点：供应商的选择与评价指标	1

续表

模块	课程	学习单元	课程内容	培训建议	课堂学时
6. 创新管理	6-1 供应链创新服务	(1) 供应链创新策略制定	1) 供应链创新需解决的问题短板 ①信息技术在企业中应用不足 ②产业之间有效分工以及外包协作不充分 ③供应链服务创新模式匮乏 ④参与全球市场竞争力不强 2) 供应链创新领域 ①提高供应链管理水平 ②强化供应链创新引领 ③拓展供应链专业服务 ④积极布局全球供应链 ⑤推动供应链绿色发展 ⑥加强供应链风险防范 3) 不同类型企业供应链创新策略 ①制造型企业供应链创新策略 ②贸易型企业供应链创新策略 ③平台服务企业供应链创新策略 ④物流服务型企业供应链创新策略	(1) 方法：讲授法、案例教学法 (2) 重点与难点：不同类型企业供应链创新策略	1
		(2) 供应链创新项目开发与管理	1) 供应链创新项目分类 ①供应链平台创新 ②供应链一体化创新 ③供应链与现代信息技术融合创新 ④供应链发展模式创新 ⑤供应链国际化创新 ⑥供应链绿色化创新 ⑦供应链金融创新	(1) 方法：讲授法、案例教学法 (2) 重点与难点：供应链创新项目开发流程	1

续表

模块	课程	学习单元	课程内容	培训建议	课堂学时
6. 创新管理	6-1 供应链创新服务	（2）供应链创新项目开发与管理	2）供应链创新项目开发流程 ①项目构思 ②项目可行性研究 ③项目准备 ④项目设计与开发 ⑤项目测试与试运行 ⑥项目上线发布 ⑦项目监控与迭代升级		
			3）供应链创新项目案例		
	6-2 供应链金融业务战略制定	（1）供应链金融业务发展策略制定	1）供应链金融的概念与特点	（1）方法：讲授法、案例教学法 （2）重点与难点：供应链金融业务模式	1
			2）供应链金融业务模式 ①供应链金融划分标准 ②供应链金融业务模式		
			3）供应链金融发展策略		
		（2）供应链金融业务规划	1）供应链金融的商业模式 ①银行+核心企业模式 ②以物流平台为核心模式 ③电商平台模式 ④第三方供应链金融服务平台模式	（1）方法：讲授法、案例教学法 （2）重点与难点：供应链金融的商业模式	1
			2）供应链金融业务规划案例		
		（3）供应链金融业务风险控制	1）供应链金融风险分类 ①宏观层面，外部环境风险 ②行业层面，供应链网络风险 ③企业层面，供应链金融融资主体风险	（1）方法：讲授法、案例教学法 （2）重点与难点：供应链金融风控策略	1
			2）供应链金融风险的表现形式 ①套利、套汇和套税 ②虚假仓单 ③自保自融 ④重复质押		

续表

模块	课程	学习单元	课程内容	培训建议	课堂学时
6．创新管理	6-2 供应链金融业务战略制定	（3）供应链金融业务风险控制	3）供应链金融风控策略 ①物联网实时化数据采集 ②大数据、人工智能分析 ③区块链打造可信数据存证		
			4）供应链金融风控案例		
	6-3 供应链数字化战略制定	（1）供应链数字化战略	1）供应链数字化技术趋势 ①快速交付 ②柔性交付 ③精细粒度客户细分 ④精确化绩效管理 ⑤高效流程自动化	（1）方法：讲授法、案例教学法 （2）重点与难点：供应链数字化转型途径	1
			2）供应链数字化的价值 ①供应链的价值转变 ②供应链数字化价值体现		
			3）供应链数字化转型途径		
			4）供应链数字化战略案例		
		（2）供应链大数据战略	1）大数据的概念与特征	（1）方法：讲授法、案例教学法 （2）重点与难点：大数据分析的应用	1
			2）大数据的价值		
			3）大数据的机会与挑战		
			4）大数据分析的应用		
			5）供应链大数据应用技术 ①大数据采集 ②大数据预处理 ③大数据存储与管理 ④大数据分析与挖掘 ⑤大数据展现与应用		
			6）供应链大数据战略案例		

续表

模块	课程	学习单元	课程内容	培训建议	课堂学时
6. 创新管理	6-3 供应链数字化战略制定	(3) 区块链技术在供应链上的应用	1) 区块链技术的基本原理 2) 区块链技术在供应链上的应用价值分析 3) 供应链上区块链技术应用案例	(1) 方法：讲授法、案例教学法 (2) 重点与难点：区块链技术的基本原理	1
7. 培训指导	7-1 业务培训	培训计划内容及制订方法	1) 培训计划的制订方法 2) 培训计划流程 3) 培训计划内容	(1) 方法：项目教学法 (2) 重点与难点：培训需求分析与培训计划的制订	1
	7-2 业务指导	作业指导书的内容与编写方法	1) 作业指导书的概念 2) 作业指导书的内容 3) 作业指导书编写流程 4) 作业指导书编写方法	(1) 方法：项目教学法 (2) 重点与难点：作业指导书编写方法	1
课堂学时合计					44

2.2.5 培训建议中培训方法说明

（1）讲授法

讲授法指教师主要运用讲解方式，系统地向培训学员传授知识，传播思想观念。即教师通过叙述、描绘、解释、推论来传递信息、传授知识、阐明概念、论证定律和公式，引导学员获取知识，认识和分析问题。

（2）讨论法

讨论法指在教师的指导下，学员以全班或小组为单位，围绕学习单元的内容，对某一专题进行深入探讨，通过讨论或辩论，获得知识或巩固知识的一种教学方法，要求教师在讨论结束时需对讨论的主题进行归纳性总结。

（3）演示法

演示法指在教学过程中，教师通过示范操作和讲解使学员获得知识、技能的教学方法。教学中，教师对操作内容进行现场演示，边操作边讲解，强调操作的关键步骤和注意事项，使学员边学边做，理论与技能并重，师生互动，提高学生的学习兴趣和学习效率。

（4）案例教学法

案例教学法指教师通过案例分析，提出问题，分析问题，并找到解决问题的途径和手段，培养学员分析问题、处理问题的能力。

（5）项目教学法

项目教学法指以实际应用为目的，将理论知识与实际工作相结合，通过师生共同完成一个完整的"项目"工作，使培训学员获得知识和实践操作能力与解决实际问题能力的教学方法。其实施以小组为学习单位，步骤一般可分为确定项目任务、计划、决策、实施、检查和评价6个步骤。强调学员在学习过程中的主体地位，以学员为中心，以学员学习为主、教师指导为辅，通过完成教学的项目，激发学习积极性，使学员既掌握相关理论知识，又掌握实践技能和工作方法，提高解决实际问题的综合能力。

2.3 考核规范

2.3.1 职业基本素质培训考核规范

考核范围	考核比重（%）	考核内容	考核比重（%）	考核单元
1. 职业道德	20	1-1 职业概述	5	职业与职业分类
		1-2 职业道德基本知识	10	职业道德修养的内涵和意义
		1-3 职业守则	5	职业守则
2. 职业基础知识	40	2-1 供应链管理基础知识	8	供应链管理基础知识
		2-2 采购管理基础知识	8	采购管理基础知识
		2-3 物流管理基础知识	8	物流管理基础知识
		2-4 绩效管理与风险管理基础知识	8	供应链绩效管理与风险管理基础知识
		2-5 数据管理基础知识	8	供应链数据管理基础知识

续表

考核范围	考核比重（%）	考核内容	考核比重（%）	考核单元
3．安全生产与环境保护基础知识	10	3-1 职业安全知识	4	职业安全知识
		3-2 职业健康知识	3	职业健康知识
		3-3 环境保护相关知识	3	环境保护基础知识
4．相关法律法规知识	30	4-1 《中华人民共和国民法典》相关知识	5	民事权利能力和民事行为能力
		4-2 《中华人民共和国劳动法》相关知识	5	中华人民共和国劳动法
		4-3 《中华人民共和国劳动合同法》相关知识	5	中华人民共和国劳动合同法
		4-4 《中华人民共和国招标投标法》相关知识	5	中华人民共和国招标投标法
		4-5 《中华人民共和国环境保护法》相关知识	5	中华人民共和国环境保护法
		4-6 国际贸易法律法规相关知识	5	国际贸易法律法规

2.3.2 三级/高级职业技能培训理论知识考核规范

考核范围	考核比重（%）	考核内容	考核比重（%）	考核单元
1．计划管理	36	1-1 需求预测处理	20	（1）数据处理与可视化分析报告
				（2）编制市场调研报告
				（3）使用模型进行需求预测分析
		1-2 客户订单分析	8	（1）编制订单数据分析可视化报表
				（2）客户分级
		1-3 库存计划处理	8	（1）采集与处理库存计划数据
				（2）编制库存计划可视化报告
2．采购管理	20	2-1 采购订单分析	8	（1）采购订单数据分析
				（2）供应商绩效分析
		2-2 供应商管理	12	（1）供应商信息搜集与处理
				（2）供应商选择方法

续表

考核范围	考核比重（%）	考核内容	考核比重（%）	考核单元
3．生产管理	20	3-1 生产计划执行支持	8	（1）产能数据采集与处理
				（2）生产计划变更与处理
		3-2 物料控制	12	（1）物料库存数据采集与处理
				（2）物料库存控制及KPI
4．物流管理	24	4-1 运输与配送运营	3	（1）运输管理
				（2）配送及网络
		4-2 仓储运营	7	仓储运营
		4-3 逆向物流运营	10	（1）物流成本分析
				（2）逆向物流运作
				（3）运输、仓储和逆向物流绩效评价
		4-4 物流外包监控	4	（1）物流绩效概述
				（2）物流外包管理
				（3）物流外包绩效评价

2.3.3 三级/高级职业技能培训操作技能考核规范

考核范围	考核比重（%）	考核内容	考核比重（%）	考核方式	选考方式	考核时间（分钟）	重要程度
1．计划管理	30	1-1 需求预测处理	15	系统操作	必考	30	X
		1-2 客户订单分析	8	系统操作	必考		X
		1-3 库存计划处理	7	系统操作	必考		X
2．采购管理	20	2-1 采购订单分析	5	系统操作	必考	20	Y
		2-2 供应商管理	15	系统操作	必考		X
3．生产管理	20	3-1 生产计划执行支持	5	系统操作	必考	20	Y
		3-2 物料控制	15	系统操作	必考		X
4．物流管理	30	4-1 运输与配送运营	10	系统操作	必考	30	X
		4-2 仓储运营	10	系统操作	必考		X
		4-3 逆向物流运营	5	系统操作	必考		Y
		4-4 物流外包监控	5	系统操作	必考		Y

重要程度说明："X"表示核心要素，是鉴定中最重要、出现频率最高的内容，具有必备性、典型性的特点。"Y"表示一般要素，是鉴定中一般重要的内容。

2.3.4 二级/技师职业技能培训理论知识考核规范

考核范围	考核比重（%）	考核内容	考核比重（%）	考核单元
1. 战略管理	14	1-1 供应链流程管理	3	（1）供应链战略实施
				（2）供应链管理目标
				（3）供应链资源配置
		1-2 供应链规划与布局	5	（1）供应链网络设计与布局
				（2）生产与服务设施选址
		1-3 供应链风险评估	3	（1）供应链风险事件识别与评估
				（2）供应链风险控制
		1-4 供应链绩效管理	3	供应链绩效评估与绩效改进
2. 计划管理	18	2-1 销售与运营计划（S&OP）实施	8	（1）销售与运营计划（S&OP）的组织和实施
				（2）销售与运营计划（S&OP）数据采集与处理
		2-2 客户需求管理	5	（1）客户需求预测
				（2）客户需求分析报告编写
				（3）客户需求计划编制
		2-3 库存计划管理	5	（1）供应链库存管理方法
				（2）库存计划制订
				（3）库存控制策略
3. 采购管理	18	3-1 供应商评估与选择	6	（1）供应商评估
				（2）供应商选择
				（3）供应商合同管理
		3-2 供应商开发	4	（1）供应商开发流程制定
				（2）供应商关系管理
		3-3 采购合规管理	8	（1）供应商行为准则制定
				（2）供应商合规性评价

续表

考核范围	考核比重（%）	考核内容	考核比重（%）	考核单元
4. 生产管理	12	4-1 产能规划与调控	4	(1) 产能计算与规划
				(2) 产能调控
		4-2 产品与服务生产流程管理	4	(1) 产品与服务生产流程设计
				(2) 产品与服务生产流程优化
		4-3 物料管理	4	(1) 物料计划管理
				(2) 物料库存管理
5. 物流管理	18	5-1 运输与配送管理	5	(1) 运输与配送运营方案
				(2) 运输与配送业务绩效考核方案
		5-2 仓储管理	4	(1) 仓储运营方案
				(2) 仓储业务绩效考核方案
		5-3 逆向物流管理	4	(1) 逆向物流运营方案
				(2) 逆向物流业务绩效考核方案
		5-4 物流业务外包策略实施	5	(1) 物流业务外包服务体系
				(2) 物流供应商管理
6. 创新管理	14	6-1 供应链创新服务	4	(1) 供应链创新方案制定
				(2) 供应链创新服务项目报告撰写
		6-2 供应链金融业务管理	5	(1) 供应链金融业务需求分析
				(2) 供应链金融业务优化方案制定
		6-3 供应链数字化运营	5	(1) 供应链数字化运营实施方案
				(2) 供应链大数据、区块链等新技术应用方案
7. 培训指导	6	7-1 业务培训	3	(1) 培训计划内容及制订流程
				(2) 培训资源的开发、组织与实施
		7-2 业务指导	3	作业指导书内容及编写方法

2.3.5 二级/技师职业技能培训操作技能考核规范

考核范围	考核比重（%）	考核内容		考核比重（%）	考核方式	选考方式	考核时间（分钟）	重要程度
1. 战略管理	10	1-1	供应链流程管理	3	系统操作	必考	10	X
		1-2	供应链规划与布局	3	系统操作	必考		X
		1-3	供应链风险评估	2	系统操作	必考		X
		1-4	供应链绩效管理	2	系统操作	必考		X
2. 计划管理	20	2-1	销售与运营计划（S&OP）实施	10	系统操作	必考	20	X
		2-2	客户需求管理	5	系统操作	必考		X
		2-3	库存计划管理	5	系统操作	必考		X
3. 采购管理	15	3-1	供应商评估与选择	5	系统操作	必考	10	X
		3-2	供应商开发	5	系统操作	必考		X
		3-3	采购合规管理	5	系统操作	必考		X
4. 生产管理	15	4-1	产能规划与调控	7	系统操作	必考	20	X
		4-2	产品与服务生产流程管理	3	系统操作	必考		X
		4-3	物料管理	5	系统操作	必考		X
5. 物流管理	20	5-1	运输与配送管理	5	系统操作	必考	15	X
		5-2	仓储管理	5	系统操作	必考		X
		5-3	逆向物流管理	5	系统操作	必考		X
		5-4	物流业务外包策略实施	5	系统操作	必考		X
6. 创新管理	10	6-1	供应链创新服务	2	笔试	必考	10	X
		6-2	供应链金融业务管理	3	笔试	必考		X
		6-3	供应链数字化运营	5	笔试	必考		X
7. 培训指导	10	7-1	业务培训	5	现场说课	必考	15	X
		7-2	业务指导	5	角色扮演	必考		X

2.3.6 一级/高级技师职业技能培训理论知识考核规范

考核范围	考核比重（%）	考核内容	考核比重（%）	考核单元
1. 战略管理	22	1-1 供应链战略制定	10	（1）供应链战略制定方法
				（2）供应链方案设计
		1-2 供应链风险管理	5	（1）供应链风险评估体系构建
				（2）供应链风险管理策略
		1-3 供应链绩效管理体系制定	4	（1）供应链绩效指标
				（2）供应链绩效管理制度
		1-4 供应链质量管理体系制定	3	（1）供应链质量体系构成
				（2）供应链质量评估与管理体系
2. 计划管理	12	2-1 供应链协同计划制订	5	（1）制定供应链协同策略
				（2）供应链产销协同方案设计
		2-2 销售与运营计划（S＆OP）流程管理	4	（1）S＆OP流程设计
				（2）S＆OP实施绩效评估
		2-3 战略库存管理	3	（1）供应链战略库存策略制定
				（2）供应链战略库存实施方案设计
3. 采购管理	12	3-1 采购管理体系制定	3	（1）制定企业采购管理制度
				（2）制定企业采购管理流程
		3-2 战略寻源策略制定	5	（1）制定战略寻源的流程
				（2）设计战略寻源框架
		3-3 采购合规体系制定	4	（1）制定采购合规管理体系
				（2）制定采购合规评价体系

续表

考核范围	考核比重（%）	考核内容	考核比重（%）	考核单元
4. 生产管理	12	4-1 生产策略制定	3	（1）制定生产模式策略
				（2）设计生产计划优化方案
		4-2 物料管理策略制定	6	（1）制定物料控制模式
				（2）制定联合库存管理策略
				（3）制定安全库存策略
		4-3 产品与服务开发协同	3	（1）产品与服务开发策略
				（2）产品与服务开发优化项目方案设计
5. 物流管理	12	5-1 物流运营策略制定	5	（1）制定物流运营策略
				（2）制定物流考核评价体系
		5-2 逆向物流体系设计	3	（1）设计逆向物流网络体系
				（2）制定逆向物流管理策略
		5-3 物流外包战略制定	4	（1）选择物流运营模式
				（2）制定物流供应商选择策略
6. 创新管理	20	6-1 供应链创新服务	10	（1）供应链创新策略制定
				（2）供应链创新项目开发与管理
		6-2 供应链金融业务战略制定	2	（1）供应链金融业务发展策略制定
				（2）供应链金融业务规划
				（3）供应链金融业务风险控制
		6-3 供应链数字化战略制定	8	（1）供应链数字化战略
				（2）供应链大数据战略
				（3）区块链技术在供应链上的应用
7. 培训指导	10	7-1 业务培训	6	培训计划内容及制订方法
		7-2 业务指导	4	作业指导书的内容与编写方法

2.3.7 一级/高级技师职业技能培训操作技能考核规范

考核范围	考核比重（%）	考核内容		考核比重（%）	考核方式	选考方式	考核时间（分钟）	重要程度
1. 战略管理	20	1-1	供应链战略制定	5	笔试	必考	10	X
		1-2	供应链风险管理	5	笔试	必考		X
		1-3	供应链绩效管理体系制定	5	笔试	必考		X
		1-4	供应链质量管理体系制定	5	笔试	必考		X
2. 计划管理	15	2-1	供应链协同计划制订	5	方案设计与答辩	必考	10	X
		2-2	销售与运营计划（S&OP）流程管理	5	方案设计与答辩	必考		X
		2-3	战略库存管理	5	方案设计与答辩	必考		X
3. 采购管理	10	3-1	采购管理体系制定	3	方案设计与答辩	必考	10	X
		3-2	战略寻源策略制定	5	方案设计与答辩	必考		X
		3-3	采购合规体系制定	2	方案设计与答辩	必考		X
4. 生产管理	10	4-1	生产策略制定	3	方案设计与答辩	必考	20	X
		4-2	物料管理策略制定	5	方案设计与答辩	必考		X
		4-3	产品与服务开发协同	2	方案设计与答辩	必考		X
5. 物流管理	15	5-1	物流运营策略制定	5	方案设计与答辩	必考	15	X
		5-2	逆向物流体系设计	5	方案设计与答辩	必考		X
		5-3	物流外包战略制定	5	方案设计与答辩	必考		X
6. 创新管理	20	6-1	供应链创新管理	5	方案设计与答辩	必考	10	X
		6-2	供应链金融业务战略制定	5	方案设计与答辩	必考		X
		6-3	供应链数字化战略制定	10	方案设计与答辩	必考		X
7. 培训指导	10	7-1	业务培训	5	现场说课	必考	15	X
		7-2	业务指导	5	现场说课	必考		X